Wendy Buonaventura

DIE SCHLANGE VOM NIL

Frauen und Tanz im Orient

Rogner & Bernhard bei Zweitausendeins

Aus dem Englischen von
Eva Pampuch und Thomas Pampuch.

1. Auflage, Oktober 1990.
2. Auflage, Februar 1991.
3. Auflage, Juni 1991.

Die Originalausgabe erschien 1989 unter dem Titel »Serpent of the Nile« bei Saqi Books, London.

ISBN 3-8077-0246-6

Herstellung: Dieter Kohler & Bernd Leberfinger, Nördlingen.
Satz: Wagner GmbH, Nördlingen.
Druck: Appl, Wemding.
Einband: G. Lachenmaier, Reutlingen.
Printed in Germany.

Dieses Buch gibt es nur bei Zweitausendeins
im Versand (Postfach 610 637, D-6000 Frankfurt am Main 60) oder
in den Zweitausendeins-Läden in Berlin, Essen, Frankfurt, Freiburg, Hamburg, Köln, München, Saarbrücken, Stuttgart.

In der Schweiz über buch 2000, Postfach 89, CH-8910 Affoltern a. A.
In Österreich über den VKA-Buchladen und Versand,
Stiegengasse 20, Postfach 76, A-1060 Wien.

Inhalt

Danksagung

Ich bin vielen Leuten, die mir bei der Vorbereitung zu diesem Buch geholfen haben, zu Dank verpflichtet. Besonders danken möchte ich den folgenden:

Amel Benhassine-Miller, für ihren Beitrag über nordafrikanischen Tanz; Maggie Caffrey, für ihre Denkanstöße zum Manuskript; Hossam Ramzy, für seine musikalische Sachkenntnis; Ibrahim Farrah, der mir großzügigerweise erlaubte, freien Gebrauch von der ›Arabesque‹-Bildersammlung in New York zu machen; den Mitarbeitern des ›Victoria and Albert Museum‹ in London, die mir halfen, viele unbekannte Bilder aufzuspüren; Badr al-Haj und Nadim Shehadi, für ihre maßgebliche Mitarbeit an den Illustrationen; und Mai Ghoussoub und André Gaspard von Saqi Books, die mir die Möglichkeit gaben, mit diesem Buch ein umfangreiches Projekt zu realisieren. Ganz besonders möchte ich Nick Campion danken, der seine historische Sachkenntnis beisteuerte und mich mehr ermutigt und unterstützt hat, als ich hier sagen kann.

Einleitung

Am langsam verlöschenden Feuer
Eine lachende Tänzerin in Schleiern von Licht,
Ihr Tanz wandelt das Dunkel zu Gold.
Abu Abd Allah Ben Abi-l-Khisal

An entlegenen Plätzen steht die Zeit still. Traditionen ändern sich langsam, und die Erinnerung reicht weit. Wir machten unser Boot, eine *Felucca* mit einem Segel, am Ufer des Nils fest, nicht weit von Assuan, und zwei von uns gingen an Land, um Proviant zu besorgen. Es war kurz vor Sonnenuntergang. Eine Treppe mit bröckelnden Stufen führte steil zum Ufer herunter. Beim Anblick unseres Bootes tauchte eine Horde von Kindern in weißen *Galabiyas* auf und kam heruntergelaufen, um uns neugierig zu betrachten. »Touristen« schrien sie und zeigten auf zwei der Männer im Boot, die Shorts trugen. Diese armen Touristen mit ihren nackten, geröteten Beinen hatten offensichtlich vergessen, sich anzuziehen. Die Kinder lachten und äfften das Klicken von Kameras nach. Eine Frau schöpfte in einem riesigen Tonkrug Wasser aus dem Fluß. Sie rollte ein Tuch zusammen und hob den Krug mit einer einzigen geschickten Bewegung hoch, um ihn dann vorsichtig auf ihren Kopf zu stellen. Mit einer Hand hielt sie ihn fest, raffte mit der andern ihren Rock, drehte sich um und stieg die Stufen hoch. Ich war überrascht, wie anmutig sie sich bewegte, trotz des schweren Gewichts, das sie trug. Ihre Hüften schwangen, als sie sich barfuß ihren Weg auf dem unebenen Boden suchte und dann entschwand.

Langsam wurde es dunkel in Assuan, die Kinder zerstreuten sich. Ein kleines Mädchen im *Galabiya*, der ihr wie ein Nachthemd fast bis zu den Knöcheln reichte, hatte die ganze Zeit dagestanden und uns angestarrt – eine winzige Gestalt mit wirren, dunklen Haaren, sicher nicht älter als fünf oder sechs. Plötzlich erwachte sie zum Leben und begann zu tanzen, rollte die Hüften und wackelte mit ihrem Hinterteil keck in unsere Richtung. Sie hob die Arme über den Kopf, schnalzte gebieterisch mit den Fingern, ein Lachen im Gesicht. Die andern Kinder klatschten den Rhythmus. Dann kam sie die Stufen herunter und hielt ihre Hand

Tanzunterricht im Süden Ägyptens.
Spätes 19. Jahrhundert. Colorierte Fotografie.
Privatbesitz.

auf. Doch unser Bootsführer scheuchte sie weg, und als wir wieder auf die Mitte des Flusses zusteuerten, neckte er die Kinder, die uns bei der Abfahrt zusahen, und rief ihnen ihre eigenen Worte zu: »Touristen! Kamera! Bakschisch!«

Jeder Tag in Ägypten brachte plötzliche, unerwartete Begegnungen mit dem Tanzen. Einmal waren es zwei junge Mädchen mit um die Hüften geschlungenen Tüchern, die ich eines Nachmittags durch ein offenes Fenster zu Radiomusik tanzen sah. Ein anderes Mal war es eine Gruppe von Zigeunern auf einem Feld außerhalb des *Souqs*. Es ist leicht, in Ägypten dem Tanz zu begegnen, denn wie in den meisten arabisch-islamischen Ländern spielt er im Alltag noch eine Rolle – anders als im Westen, wo er zu etwas Abseitigem geworden ist.

Ich habe einige Jahre arabischen Tanz gelehrt und aufgeführt, vor allem die traditionelle ägyptische Form des weiblichen Solotanzes *Raqs-al-baladi* (Tanz des Volkes). Variationen dieser Tanzart, auch der *Raqs-al-Sharq* (Tanz des Ostens), finden sich überall in Nordafrika und im Mittleren Osten. Kein Tanz hat eine größere Faszination auf durchreisende Fremde ausgeübt, keiner ist von ihnen eingehender beschrieben worden.

Meine eigene Erfahrung mit dem ägyptischen *Baladi* reicht etwa 12 Jahre zurück. Als ich ihn zum erstenmal sah, war ich frappiert: er schien mir außergewöhnlich und magisch. Ich glaubte damals und glaube heute noch, daß er der ausdrucksstärkste aller weiblichen Tänze ist: verwunschene Lyrik, Feuer, ein endlos wechselndes Kaleidoskop sinnlicher Bewegungen.

Der heutige Tanz ist nichts als ein fernes Echo seines uralten Vorfahren, eines der ältesten Tänze der Schöpfung. Und doch sind immer noch Spuren dieser Vergangenheit an ihm zu entdecken, und sie offenbaren sich oft überraschend. Einst gab es ihn überall auf der Welt: einen Tanz, bei dem die Bewegung der Hüften – mal heftig, mal weich und geschmeidig – das wichtigste Ausdrucksmittel war.

Ursprünglich hatte er eine genaue Funktion in den Ritualen und Zeremonien, denn er drückte die Geheimnisse des Lebens und des Todes aus, so, wie die Menschen sie damals verstanden.

Zu einer Zeit, als die Religion noch fester Bestandteil des Lebens war und alle Aspekte des Menschen betraf, galt er, wie alle frühen Tänze, der religiösen Verehrung. Doch als die primitiven Kulturen komplizierter wurden und die Zivilisation den Glauben früherer Zeiten unterdrückte, wurden auch die Rituale, die mit den alten Religionen verbunden waren, unterdrückt. In vielen Teilen der Welt starb der Tanz des weiblichen Bekkens aus. In einigen Gegenden jedoch wandelte er sich von religiösem Ritus zu weltlicher Unterhaltung.

Berichte darüber haben wir aus aller Welt und aus allen Zeiten der Geschichte. Für eine Spielart im alten Griechenland war das Kreisen der Hüften und des Bauches charakteristisch. In Cadiz führten Tänzerinnen im ersten nachchristlichen Jahrhundert den Tanz des »Zu-Boden-Sinkens mit zitternden Schenkeln«[1] auf. Im siebten Jahrhundert beschrieb ein persischer Gelehrter die Hauptattribute einer großen Tänzerin mit den Worten: »Eine außerordentliche Beweglichkeit beim Drehen und Schwingen der Hüften.«[2] Am intensivsten hat dieser Tanz in der arabisch-islamischen Welt überlebt. Aus dem alten Ritus hat sich dort eine Kunst entwikkelt, die mit der Zeit zu einem Tanz voller Reichtum und Hintergründigkeit führte.

Als der Tanz aufhörte, Ausdrucksmittel und Teil einer Zeremonie zu sein, und weltliches Vergnügen wurde, übernahmen und verfeinerten ihn professionelle Künstler, die nun die Szene betraten. Dabei gab es beim Hüfttanz, einer gewagten und sinnlichen, manchmal auch hocherotischen Ausdrucksform, genaue Unterscheidungen zwischen Erlaubtem und Unerlaubtem.

Wie in allen patriarchalischen Kulturen war dabei die Frage, was geduldet wurde und was nicht, eng mit der Rolle der Frau in der Gesellschaft verbunden, mit dem, was ihr erlaubt und verboten war.

Akzeptiert wurde, wenn die Frauen zu Hause zur gemeinsamen Unterhaltung tanzten. Berufsmäßiges Tanzen war geächtet. Es galt als Domäne der Zigeuner, der Minderheiten und ärmeren Mitglieder der Gesellschaft. Ihnen mißtraute man wegen ihrer freien und leichtlebigen Art; weil sie (wie Gaukler und fahrendes Volk überhaupt) im Ruf der Unehrlichkeit standen und wegen ihrer Weigerung, die Sitten und Gebräuche der Gemeinschaft zu übernehmen. Obwohl professionelle Tänzer zur Ergötzung bei Familienfesten freilich auch im Hause gern gesehen wurden, war doch einer ehrbaren Frau das Tanzen vor Fremden verwehrt.

Das Thema dieses Buches ist die Geschichte des ägyptischen *Baladi* (und seiner Entsprechungen in an-

Alex Bida. *Ägyptische Tänzerin.* Um 1860. Aquarell. Victoria & Albert Museum, London.

Ein Fest im Harem. 18. Jahrhundert. Aquatintdruck. Privatbesitz.

deren arabisch-islamischen Ländern): wie er von einem privaten zu einem professionellen Vergnügen wurde, wie er in den Westen exportiert und dort einerseits zum Skandal und andererseits zu einer Quelle künstlerischer Inspiration wurde. Es ist die Geschichte einer uralten Kunst.

In seiner eigenen Gesellschaft ist der arabische Tanz kaum untersucht bzw. als Kunstform betrachtet worden. Es waren meist westliche Künstler und Reisende, die sich schreibend oder malend mit ihm beschäftigt haben – vor allem im 19., dem »orientalischen« Jahrhundert. Ohne die Berichte und Aufzeichnungen der Orientalisten wüßten wir sehr wenig über die Geschichte des arabischen Tanzes. Die arabische Poesie gibt nur gelegentlichen Einblick, und nicht in den Tanz selbst, sondern in den überwältigenden Eindruck, den seine Schönheit auf den Betrachter ausübt; in die Art, wie er die Sinne betäubt und ein Entzücken auslöst, das die Zeit aufzuheben scheint.

Die Ambivalenz den Tänzerinnen gegenüber hat die islamische Gesellschaft nie ganz gelöst. Sie sind in vielerlei Hinsicht eine Herausforderung, vor allem im Hinblick auf die Regeln, wie sich eine Frau in der Gesellschaft zu verhalten hat. Religiöses und Weltliches sind im Islam unauflösbar miteinander verbunden. Für die Mehrheit der Menschen in der arabischen Welt ist der Glaube der Grundpfeiler der Existenz. Da bestimmte Verse im Koran die Anbetung von Objekten

Persische Musikerin.
Quajar-Dynastie,
frühes 19. Jahrhundert.
Ölgemälde.
Victoria & Albert
Museum, London.

Seite 12/13:
Otto Pilny. *Tanz in der Wüste.*
Mitte des 19. Jahrhunderts. Ölgemälde.
Sotheby's London.

verbieten, entwickelte sich eine künstlerische Tradition ohne gegenständliche Symbole des Göttlichen. Das Verbot naturalistischer Darstellung führte zu einer Kunst, die im wesentlichen abstrakt und stilisiert ist.

Obwohl der weibliche Tanz in dieser Gesellschaft häufig mit Mißtrauen betrachtet wurde, hat er interessanterweise dennoch eine Form entwickelt, die mit der visuellen Tradition der islamischen Kunst ausgesprochen harmoniert, vor allem, was den Effekt auf den Betrachter angeht. Es ist ein Tanz, der den Geist eher besänftigt als verwirrt. Seine hypnotische Wirkung, die beim Zuschauer eine innere Ruhe auslöst, hat vor allem die Fremden fasziniert.

»Stunden vergehen und es fällt schwer, sich loszureißen. So unmittelbar wirken die Bewegungen der Tänzerinnen auf die Sinne. Keine Abwechslung oder Sprünge, nur selten eine Variation durch irgendeine plötzliche Bewegung. Doch das rhythmische Rollen lullt die Seele in eine köstliche Trägheit, fast in hypnotische Betäubung.«[3]

Diese Beschreibung des französischen Romanciers Charles Gobineau findet ihre Entsprechung bei vielen anderen, die im 19. Jahrhundert diesen Tanz kennenlernten, zu einer Zeit, als das Interesse am Orient, so wie man ihn damals kannte, einen Höhepunkt erreichte. Damals reisten viele Maler und Schriftsteller in die arabischen Länder auf der Suche nach Inspiration für ihre Arbeit.

In der Kunst der Orientalisten waren Frauen das bevorzugte Objekt. So vielfältig die Gründe für einen Besuch der arabischen Welt auch sein mochten, die Tänzerinnen waren für die Reisenden die Hauptattraktion. Niemand verzichtete darauf, sich die berühmten tanzenden Mädchen anzusehen, für viele Reisende wurde die Suche nach ihnen sogar zur Obsession. Die Tänzerinnen wurden das Symbol einer Sinnlichkeit, die das orientalische Leben nach Ansicht der übrigen Welt kennzeichnete. Daß sie eine verbotene Attraktion waren, machte sie nur noch verlockender. Die begabtesten Tänzerinnen hatten sich früher aufgrund ihrer Kenntnisse und ihres Könnens eines großen Ansehens erfreut. Im 19. Jahrhundert waren sie jedoch immer mehr in Verruf geraten. Die Reisenden freilich, die aufgrund simpler Neugier kamen und nach ihnen suchten, blieben gebannt und staunten über ihre künstlerischen Fertigkeiten. Der *Baladi*, zunächst bloß als eine »merkwürdige und wunderbare Gymnastik« betrachtet, fesselte Frauen wie Männer.[4] Erst später wurde er wegen seiner Gewandtheit und der Subtilität seiner Erotik bewundert.

Mitte des 19. Jahrhunderts fuhr ein amerikanischer Journalist namens G. W. Curtis nach Ägypten. 1834 waren die Tänzerinnen aus Kairo ausgewiesen worden (siehe Kap. 3), und Curtis reiste den Nil 500 Meilen stromaufwärts bis zu dem kleinen Städtchen Esna, um Kutchuk Hanem, die berühmteste Tänzerin ihrer Zeit, zu sehen. Seine ausführliche Beschreibung des Vergnügens, das er in ihrem Hause genoß, beendet er mit den Worten: »Es war ein Gedicht der Liebe, das Worte nicht ausdrücken können. Tief, orientialisch, intensiv und furchtbar.«[5]

Seit Mitte des 19. Jahrhunderts kamen Tänzerinnen aus der arabischen Welt auch in den Westen. Ihr Auftreten auf den Weltausstellungen, wo die neuen technologischen Errungenschaften vorgestellt und verschiedene Aspekte der Weltkulturen vorgeführt wurden, bildete für das Publikum eine der größten Attrak-

Tanz in den Ruinen von Karnak. Spätes 19. Jahrhundert. Stich.

Seite 17:
Syrische Musikerin. 1890. Fotografie. Privatbesitz.

Bonfils. *Gruppe mit Musikern und Tänzerinnen.* 1885. Colorierte Fotografie. Privatbesitz.

tionen. Die nachgebauten algerischen Kaffeehäuser, ägyptischen Theater und persischen Paläste mit ihren eingeborenen Künstlern fanden bei der Presse großen Anklang. Gerade das, was die viktorianische Prüderie als »schockierend« empfand, stand im Mittelpunkt des Interesses. Kein Wunder, daß immer mehr Leute herbeiströmten, und das steigerte den Bekanntheitsgrad dieser Tänze noch.

Das 19. Jahrhundert war für den Westen eine Zeit des Umbruchs – vor allem aufgrund der Industrialisierung. Doch während die Bankiers und Geschäftsleute den Beginn des technologischen Zeitalters im Auge hatten, blickten die Künstler nostalgisch auf den alten Lebensstil zurück, ein Leben, das noch nicht von der schleichenden Mechanisierung der sich entwickelnden Welt ruiniert war. Eine Handvoll Frauen, die neue Formen für den westlichen Tanz suchte, fand in der Philosophie und der Kunst des Ostens die größte Inspiration.

In den ersten zwei Jahrzehnten des 20. Jahrhunderts war der Tanz die Kunstform mit den stärksten Wirkungen. Der orientalische Einfluß auf die sich entwikkelnden neuen Tanzformen machte sich auch in den verwandten Künsten bemerkbar. Bühnenbild, Mode, Theater, Buchillustrationen und dekorative Kunst, all das wurde beeinflußt von der Art, wie der Westen nun

die arabisch-islamische Welt entdeckte und wahrnahm. Die vielen sogenannten »Exotik-Interpreten« und »Shimmy-Spezialisten« taten nicht viel mehr, als sich in einer mehr oder weniger wellenartigen Weise zu bewegen und in vielfarbige Schleier zu kleiden, die sie später stückchenweise ablegten.

Es war ein Phantasie-Osten, die Phantasie eines »orientalischen« Tanzes. Selbst ernsthafte Tänzerinnen übernahmen technisch nichts vom arabischen Tanz, auch wenn sie ihre Darbietungen als authentische Tänze des Ostens vorstellten. Gelegentlich wurde versucht, einen Originaltanz vorzuführen, »basierend auf dem Geist des Ostens«, so, wie ihn sich die Akteurin vorstellte, z. B. die amerikanische Tänzerin Ruth St Denis, deren Arbeit sich durch spirituelle und religiöse Elemente auszeichnete. Die arabischen Tänzerinnen, die nach Europa gekommen waren, um Arbeit zu finden, wurden stark vom westlichen Tanz beeinflußt. Seit Anfang des 20. Jahrhunderts schlichen sich fremde Elemente in ihr Repertoire ein. Die kleine Kapelle einer Tänzerin wuchs bald zu einem richtigen Orchester, in das auch westliche Instrumente übernommen wurden. Schon früher war der *Baladi* durch Elemente des persischen, türkischen und indischen Tanzes angereichert worden, mit dem ihn eine bestimmte Art, den Körper zu benutzen, verband. Der europäische Tanz jedoch beruhte auf einer völlig anderen Technik und Raumnutzung.

Der *Baladi* erlebte von dieser Zeit an eine Reihe grundlegender Veränderungen. Wie bei allen Kunstformen, die aus ihrem kulturellen Kontext gerissen und kommerzialisiert werden, ging einiges von seinem Wesen und die Einheit seiner Form verloren. Früher war er mehr oder weniger auf einer Stelle getanzt worden, als intensive, konzentrierte, fast meditative Kunst. Jetzt wirbelten die Tänzerinnen über den Boden, stellten sich auf die Fußspitzen und trugen sogar Ballett- oder Stöckelschuhe, um sich der europäischen Ästhetik anzupassen. Die traditionelle Kleidung wurde zugunsten eines von Hollywood inspirierten Kostüms aufgegeben, das vor allem der gängigen westlichen Vorstellung von Glamour entsprach. Und so hielt der arabische Tanz seinen Einzug in die Welt des Cabarets.

Bei guten und künstlerisch begabten Tänzerinnen hat diese neuentstandene Form des Nachtclubauftritts durchaus einen eigenen Wert. Sind allerdings, wie heute oft üblich, unausgebildete Tänzerinnen aller Nationalitäten und ohne jede Erfahrung am Werk, so wird der »Bauchtanz« im Westen zum Gespött seiner selbst, der ferne Abklatsch eines Tanzes, der nur im Mittleren Osten und in Afrika, wo ihn die Frauen noch zu Hause tanzen, weiterlebt. Trotzdem bleibt er das bekannteste Beispiel des arabischen Tanzes im Westen.

Immer mehr arabische und westliche Tänzer gehen heute jedoch einen neuen Weg, indem sie den arabischen Tanz für die Bühne entwickeln. Sie nehmen traditionelle *Baladi, Sharki* und Beduinentänze und bringen sie in einen Zusammenhang mit Theaterkonzeptionen, damit der künstlerische Wert besser gesehen und genossen werden kann.

In seiner ursprünglichen Art hat dieser Tanz in der arabischen Welt seine intime Natur behalten und auch viele der Gebräuche, die ihn umgeben. Er wird weiterhin von der Mutter an die Tochter weitergegeben und von den Frauen zum eigenen Vergnügen getanzt. Er wird weiterhin im Freien aufgeführt, für Geld aus der Menge, aber auch in den Häusern der Reichen, wo man die Akteure üppig belohnt. Und er gehört dazu, wenn man sich trifft, um sich zu vergnügen, insbesondere bei wichtigen Feierlichkeiten wie etwa Hochzeiten.

In Assuan nahm man mich eines Nachts zu einer Hochzeit mit, die weit außerhalb des Ortes stattfand. Wir fuhren über ungepflasterte, unbeleuchtete Straßen, bis es so mühsam wurde, daß wir ausstiegen und zu Fuß weitergingen. Wir stolperten über endlosen Schotter, das ferne Geräusch einer Trommel und singende Stimmen führten uns. Schließlich bogen wir um eine Ecke und befanden uns inmitten des Hochzeitsfestes. Die Frauen und die Männer feierten an den entgegengesetzten Enden einer schmalen Straße, die von hohen Mauern begrenzt war. Die Frauen hatten sich in einer kleinen Gruppe zusammengefunden. Vor ihnen, auf einem Podest in einem Erker, saßen Braut und Bräutigam.

Umgeben von ihren Freunden tanzte eine Frau in Grün und Gold. Ihr Haar hatte sie unter einem mit einer Spange befestigten Tuch verborgen. Ich schätzte sie auf Ende dreißig. Ihr Gesicht war schmal und fein geschnitten, ihre dunklen Augen sprühten vor Vergnügen, von ihren stoßenden und rollenden Hüften schienen Funken auszugehen. Es war, als habe sie ein elektrisches Kraftfeld um sich. Sie erblickte mich, zog mich in den Kreis und forderte mich auf mitzumachen. Als die anderen Frauen sahen, daß mir ihr Tanz nicht

Die französische Schriftstellerin Colette in orientalischer Verkleidung während ihrer kurzen Music-Hall-Karriere. Um 1908. Colorierte Fotografie.

Seite 18, oben:
Lekegian. *Tänzerinnen aus dem Osten.* Um 1880. Privatbesitz.

Seite 18, unten:
Türkische Unterhaltungskünstlerin. Um 1890. Colorierte Fotografie. Privatbesitz.

fremd war, drängten sie sich erfreut dichter heran, überall um mich hörte ich das schrille Echo des *Zhagareet,* jenes Trillerns der Zunge, das mit einem hohen Schrei endet und Zustimmung bedeutet.

Eine Frau nach der anderen tanzte mit der Frau in Grün, und sie paßte ihre Bewegungen der jeweiligen Partnerin an, ja kopierte sie manchmal zum allgemeinen Vergnügen auch ein bißchen, verwickelte sie in ein Duett, schüttelte mit ihr zusammen die Schultern wie bei einem Scherz, zuckte mit den Hüften, als ginge es um ein gemeinsames Geheimnis. »Wie findet ihr das?« sagten ihre Hüften, beredter, als Worte es können.

Als wir in den Hof gingen, um uns etwas zu erfrischen, zeigte sie mir ihre Kinder, vom Baby bis zum Halbwüchsigen. Erst dort, als ich sie im Schein der nackten Glühbirnen, die zwischen den Bäumen aufgehängt waren, von nahem sah, bemerkte ich die Spuren, die ein hartes Leben in ihrem Gesicht, um die Augen und auf ihrer Stirn hinterlassen hatten. Eine ihrer Töchter brachte mir ein Glas gesüßten, kühlen Hibiskustees, und wir setzten uns hin und plauderten in Zeichensprache, die wir nur gelegentlich durch ein Wort in englisch oder arabisch ergänzten.

Als ich ging, hatte der Tanz wieder begonnen. Ich drehte mich an der Straßenecke noch einmal um und sah, daß die Frau in Grün erneut auf den Beinen war. Sie tanzte weiter, zu ihrem eigenen Vergnügen, und sie bewegte sich in dem alten Geist eines Tanzes, den weder Kommerzialisierung noch religiöse Verbote, noch der Wandel der Zeiten auszurotten vermocht hatten.

Seite 21:
Muhammad Racim. *Zwei algerische Frauen beim Tanz mit einem Schleier.* Um 1830. Miniatur.

Demetre Chiparus. *Sonnenstrahl.*
Um 1930. Bronzestatue mit Elfenbein.
Christie's, London.

Echos aus alter Zeit

Ich bin das Kind der Erde und des gestirnten Himmels.
Orphische Inschrift

Alles Tanzen entspringt dem Leben, aus dem Bedürfnis, uns auszudrücken und unserer Existenz einen Sinn zu geben. Das Wesen des Tanzes macht ihn zu einem der stärksten Mittel der Selbstberauschung, das wir haben, indem er im Körper Energien entwickelt, die er dann freigibt. Seine *raison d'être* zeigt sich in den Ursprüngen der Bezeichnung, die wir für ihn haben und die in allen Sprachen eine ähnliche Herkunft hat. »Tanz« kommt von dem Sanskritwort »*tanha*«, das »Lebensfreude« bedeutet, das arabische *raks* und das türkische *rakkase* leiten sich beide vom assyrischen *rakadu* her, das »feiern« bedeutet.

Tanzen befriedigt neben dem Wunsch zu feiern noch viele andere Bedürfnisse, denn es hilft uns, die im täglichen Leben aufgestauten Energien zu entladen, und es verstärkt unsere Identität als Teil einer sozialen Gruppe. Tanzen war schon immer therapeutisch und voller Heilkraft, und es ist das traditionelle Mittel, um die Aufmerksamkeit eines Partners zu erregen. Doch nur in Stammesgemeinschaften und entlegenen Gebieten wird es noch als heilende Zauberkraft benutzt und als rituelle Technik, um sowohl die menschliche Fruchtbarkeit als auch das Wachstum der Feldfrüchte zu bestärken.

Der Tanz war einst religiöses Ritual, und in manchen Kulturen ist das bis heute so. Auf- und Untergang der Sonne, Ernte, Geburt und Tod wurden als Resultat mächtiger, geheimnisvoller Kräfte angesehen, die jenseits bewußten Verstehens lagen. Mit diesen Kräften umzugehen, lernten die Menschen zunächst durch die Erschaffung einer Geisterwelt, dann durch den Mythos und seine begleitenden Rituale, deren Macht darin bestand, daß sie das Unbekannte erhellen konnten, ohne es auf Irdisches zu reduzieren.

Überall gab es Geister: unter den Steinen, in den Bäumen, in der Luft. In vielen abgelegenen Gegenden ist der Glaube an eine Geisterwelt so stark wie eh und je. Es ist noch gar nicht lange her, daß man in Ägypten glaubte, die Geister oder »genii« des Feuers mit den

Thomas Fuller. ›*Tanzende Jungfrauen*‹ *im antiken Griechenland*. 1650. Stich.

Worten »Pardon O Genii« besänftigen zu müssen, wenn man etwas ins Feuer warf. Und in England beschwören Druiden heute wieder die Baumgeister und feiern jedes Jahr einen heiligen Ritus in Stonehenge, um den Sommer einzuleiten.

Unsere Ahnen in prähistorischen Zeiten dienten der Natur. Erst in entwickelteren Kulturen kehrte sich dieses Verhältnis zur Natur um. Soziopolitische Strukturen entstanden, in denen Priesterinnen und Priester, Könige und Gottkönige verehrt wurden, die die herrschende Rolle der Natur übernommen hatten. In jener alten Welt betrachteten sich die Menschen noch nicht als höchsten Ausdruck der Schöpfung, sondern begnügten sich noch mit einer demütigeren Rolle in der natürlichen Ordnung. Und um diese Ordnung aufrechtzuerhalten, ersannen sie Rituale, bei denen sie den Geistern Gaben darbrachten, um sie zu erfreuen. In jedem Lebensbereich wurde Magie benutzt, um Ereignisse und ihre Folgen günstig zu beeinflussen. Auch beim Jagen z. B., wobei man meinte, durch Imitation der Bewegungen des Tieres Einfluß auf sein Verhalten ausüben zu können.

Vor der Erfindung der Sprache war der Körper das wichtigste Ausdrucksmittel. Als sich jedoch die Sprache entwickelte und immer komplexer wurde, machte ein tiefer werdendes Empfindungsvermögen Abstraktionen möglich. Damit löste die Sprache die Körperbewegung als wichtigstes Kommunikationsmittel ab. Doch es gibt Dinge, die nicht durch die gesprochene Sprache vermittelt werden können; nur die Körpersprache kann sie ausdrücken.

Immer stand der Tanz im Mittelpunkt der alten Rituale, und im Lauf der Zeit symbolisierte er das Wertesystem der Kulturen, die ihn formten. Mit der weiteren Entwicklung lösten organisierte, religiöse Zeremonien die mystischen Stammestänze der frühen Gemeinschaften ab. Die wichtigsten dieser Zeremonien betrafen die Fruchtbarkeit der Erde und der Menschen. Eine eingehendere Beschäftigung mit dem faszinierenden Netz von Ritual und Glaube, das das Leben unserer Vorfahren bestimmte, ist im Rahmen dieses Buches nicht möglich; gewisse Elemente freilich müssen hier kurz erwähnt werden, weil sie für unser Thema wichtig sind.

Traditionell wurden bei Riten des Übergangs zu einem neuen Lebensabschnitt Männer und Frauen getrennt. In manchen Teilen der Welt herrscht dieser

Brauch bis heute, besonders in Stammesgesellschaften in entlegenen Gegenden. Er ist ein unbewußtes Überbleibsel unserer heidnischen Vergangenheit und hat mit der Heiligkeit des Ereignisses zu tun. In arabisch-islamischen Ländern findet sich diese Trennung von Männern und Frauen heute noch, nicht nur bei Ritualen wie der Hochzeit, sondern auch im Alltag. Dort leben die Frauen in von den Männern getrennten Räumen und führen dort auch ihren Haushalt.

Zu den alten Riten der Fruchtbarkeit gehören auch die mit der Pubertät verbundenen Initiationsrituale, in denen etwa sexuelle Aufklärung für junge Mädchen über erotische Gesänge und Tänze vermittelt wird. Die Zeremonien der afrikanischen Kuta[6] finden im und am Wasser statt. Die jungen Mädchen und Frauen waten in einen Fluß, in dem eine aus Zweigen und Blättern gebaute Hütte steht, so weit hinaus, daß nur ihr Kopf über Wasser bleibt. Zu einem bestimmten Zeitpunkt der Zeremonie taucht eine ältere Frau aus dem Wasser auf, reißt sich ihr Lendentuch vom Leib und beginnt einen »höchst wollüstigen« Tanz. Dann betreten die

Südseetänzerinnen. Um 1770. Kupferstich.

jungen Mädchen die Hütte zur Initiation, die in einer »Reihe von Tänzen, die den Geschlechtsakt symbolisieren« kulminiert. Die Kuta sind nur einer von vielen Stämmen, die erotische Gesänge und Tänze in ihren Pubertätsritualen haben. Diese Tradition ist keineswegs auf den afrikanischen Kontinent beschränkt. In Kulturen dieser Art bestehen alle Mannbarkeitsrituale darin, daß die jungen Männer Frauen nachahmen und so tun, als hätten sie deren Fähigkeiten.[7]

Andere wichtige Fruchtbarkeitsrituale dienen dazu, einen Partner zu finden und die Hochzeit zu feiern. Bei den stundenlangen Zeremonien, die in Stammesgemeinschaften bei sexuellen Verbindungen abgehalten werden, haben Tänze mit erotischen Beckenbewegungen immer eine bedeutende Rolle gespielt. Wir können zwar nicht wissen, wie diese Tänze früher im einzelnen ausgesehen haben. Doch aus der weißen Magie kennen wir die Rolle nachahmender Bewegungen zur Beeinflussung von Naturereignissen. Auch die ethnologische Forschung und Einfühlung kann dies für Leute noch bestehender Stammesgemeinschaften bestätigen.

Tänzerinnen unterhalten die Königin in Tahiti. Um 1770. Kupferstich.

In seiner »Weltgeschichte des Tanzes«[8] beschreibt Curt Sachs einen Hüfttanz der Bafioti in Loango, Westafrika. Dieser Tanz stellte den Geburtsvorgang dar und spielte beim Ahnenkult und der Lobpreisung künftiger Generationen eine wichtige Rolle. Ähnliche Tänze wurden in der Südsee, in Neuguinea, auf den Salomoninseln, im östlichen Polynesien und überall in Afrika vorgefunden. Ziel des hawaiianischen *Hulas*[9] ist es, nach der Beschreibung von Joseph Spurrier, »die Aufmerksamkeit der Götter zu erregen, und ihre Zeugungsfähigkeit auf genau dieselbe Weise zu stimulieren, wie das beim Mann geschieht«. Mit den kurzen Baströckchen und der aufreizenden und fröhlichen Musik gehört der *Hula* zu den anmutigsten Hüfttänzen. Die wichtigste Bewegung besteht in einem lebhaften, sich beschleunigenden Kreisen des Beckens, unterbrochen vom Schwenken der Hüften.

Auch bei den alten Griechen gab es eine Reihe von Fruchtbarkeitstänzen mit Beckenrotationen, Hüftwiegen und betonten Bewegungen des Gesäßes. Lillian B. Lawler[10] hat einige Tänze zusammengefaßt, die alle nach hölzernem Küchengerät benannt sind und deren »charakteristische Bewegung ein rhythmisches, lüsternes Kreisenlassen der Hüften ist, das an ›Rühren‹ oder ›Mahlen‹ erinnert«. Einer dieser Tänze war als *Igdis* oder »Mörser-Tanz« bekannt. Bei einem anderen ließ die Tänzerin die Hüften abwechselnd kreisen und stoßen, ähnlich der Bewegung eines Stößels in einem Mörser. Zu diesem Tanz gehörte auch eine Bewegung, die als das »Winden und Drehen der Weidenrute« bezeichnet wurde. Das Gemeinsame all dieser Tänze war nach dem antiken griechischen Dichter Pollux »das schwingende Kreisen der Hüften«. In der *Metamorphose* des Apuleius erregt ein junges Mädchen, das in einem Topf auf dem Feuer rührt, durch das Wiegen ihrer Hüften und Schultern die Aufmerksamkeit eines Mannes. Lawler bemerkt, all diese Tänze seien »im Grunde dasselbe – Stimulations- oder Fruchtbarkeitstänze, deren exakte Parallelen sich in den Ritualen vieler Naturreligionen früherer Zeiten finden«.

Der grundlegende Zusammenhang zwischen Kopulation und Empfängnis wurde sehr früh in der menschlichen Geschichte erkannt. Viele Kunstwerke aus prähistorischer Zeit belegen die Tatsache, daß die Männer erkannten, daß sie eine Rolle bei der Schöpfung neuen Lebens spielten, auch wenn ihnen vermutlich nicht klar war, welcher Art diese Rolle im einzelnen war. Um

Fruchtbarkeitsgöttin von Kushan. 5. Jahrhundert. Roter Sandstein. Privatbesitz.

nur ein Beispiel zu nennen: Eine Steinplatte, die in einem Schrein in Catal Huyuk in Anatolien gefunden wurde und die rund 8000 Jahre alt ist, zeigt auf einer Seite zwei Liebende, die sich umarmen, auf der anderen eine Frau, die ein Baby hält.

Fruchtbarkeitsrituale endeten nicht selten mit Kopulation, die als heiliger Akt angesehen wurde, da sie das Fortbestehen der Menschen garantierte. Im Gegensatz zu heute war die Auffassung der Menschen von sexueller Energie damals noch ungetrübt von Schuld und Sünde. Dies setzte erst mit der Entwicklung der Zivilisation ein, mit dem Patriarchat und den männlich dominierten Religionen.[11]

In den alten Zeiten glaubte man, die menschliche Fruchtbarkeit hinge mit der Erde zusammen. Um einen Zugang zu diesen Mysterien zu finden, schufen die Vorfahren Mythen und Geschichten voller poetischer Vieldeutigkeit. In der ganzen Welt sind solche Mythen, die sich in ihrem Wesen alle gleichen, über die Jahrhunderte überliefert worden und leben heute noch in den Märchen fort. Die frühen Gemeinschaften faßten das Leben in einer fließenden, poetischen Weise auf. Sie beschworen nicht nur Naturgeister, sondern auch eine Vielzahl männlicher und weiblicher Gottheiten, von denen man meinte, daß sie die natürliche Ordnung der Dinge bestimmten. Nach Auffassung vieler Ethnologen waren die frühesten und wichtigsten dieser Gottheiten weiblich. Die Annahme, daß die ursprüngliche Verehrung einer Mutter- und nicht einer Vaterfigur galt, wird durch viele anthropologische Studien gestützt, auch wenn das Thema immer noch sehr umstritten ist. In vielen Teilen der Welt sind Figuren von Göttinnen gefunden worden, die Tausende von Jahren alt sind. Im Mittleren Osten, der Wiege der Göttinnenverehrung, dem Ort, wo dieser Glaube am intensivsten vertreten wurde, hat man Statuen von weiblichen Figuren gefunden, die auf eine Zeit bis zu 70 000 Jahre vor Christus zurückgehen. Diese ältesten bisher entdeckten Kunstwerke stellen breithüftige, vollbrüstige Frauen dar, mit wie zum Tanz erhobenen Armen.

Man glaubte natürlich deswegen an einen weiblichen Schöpfer, weil es Frauen sind, die gebären. Frauen wurde auch eine magische Kraft beim Wachstum der Früchte des Feldes zugeschrieben, und man nimmt an, daß es Frauen waren, die den Ackerbau erfanden, der sich fast gleichzeitig in vielen Teilen der Welt entwickelte. Manche Gesellschaften jedoch, darunter die nordamerikanischen Indianer, lehnten den Ackerbau offen ab:

»Ihr wollt, daß ich in der Erde grabe? Soll ich ein Messer nehmen und es in die Brust meiner Mutter stoßen? Dann wird sie mich, wenn ich sterbe, nicht mehr in ihre Arme nehmen. Ihr sagt mir, ich soll umgraben und die Steine entfernen. Soll ich das Fleisch verstümmeln, um an die Knochen zu kommen? Dann könnte ich nie wieder in sie eingehen und so wiedergeboren werden.«[12]

Diese Worte, vor weniger als hundert Jahren von einem Propheten des amerikanischen Indianerstammes der Umatilla gesprochen, weisen auf einen Urglauben hin, der die Frauen mit der Erde, die sie bearbeiteten, in eins setzte. Es war ein allgemein verbreiteter Glaube, daß die Kinder aus der Erde kamen; aus Höhlen und Grotten, aus Sümpfen und Flüssen. Man glaubte, daß der Geist eines Kindes in den Körper der Frau schlüpfte, wenn sie an diesen Plätzen vorüberging. Hinweise darauf findet man in dem römischen Begriff für Bastard (»Sohn der Erde«) wie auch in dem rumänischen Wort, das »Kind der Blumen« bedeutet.

Die Vorstellung, daß sich die schöpferischen Zauberkräfte der Frauen auf die Natur erstreckten und daß die Frauen deshalb beim Reifen der Ernte eine Rolle spielten, führte zu dem Mythos einer Großen Mutter, einer Göttin, die wegen ihrer geheimnisvollen Kräfte sowohl verehrt als auch gefürchtet war. Vor Tausenden von Jahren führten Frauen auf den Hügeln von Zentralanatolien und im Mittelmeerraum Tanzrituale zu Ehren dieser Göttin auf. Männer waren dabei ausgeschlossen, so wie bei allen Zeremonien, die etwas mit Fruchtbarkeit zu tun hatten.

Vom späten vierten Jahrhundert vor Christus bis ins christliche Zeitalter hinein kamen viele der populärsten weiblichen Gottheiten der hellenistischen und der griechisch-römischen Welt aus dem Osten, vor allem aus Syrien und der Türkei. In Zypern, dem Geburtsort Aphrodites, der griechischen Göttin der Liebe und der Fruchtbarkeit, führten Frauen Tänze auf, die als erotisch und ekstatisch beschrieben worden sind und die von wildem Gesang und Getrommel begleitet wurden. Die Trance oder Ekstase war dabei ein entscheidendes Element. Sie setzte eine Energie im Körper frei, die der Tänzerin half, in einen anderen Erfahrungsbereich zu gelangen und sich mit der Gottheit zu vereinigen, deren Macht auf sie überging.

Hellenistische Bronzestatue aus Alexandrien. Frühes 2. Jahrhundert. Metropolitan Museum of Art, New York.

Seit den frühesten Zeiten verehrten die Frauen im Mittleren Osten eine weibliche Schöpferin in ihren verschiedenen Gestalten, indem sie sexuelle Beziehungen mit Fremden hatten. Dieser Brauch wurde in Babylon im fünften vorchristlichen Jahrhundert offiziell sanktioniert. Jede Frau nahm es auf sich, am Tempel von Mylitta zu warten, bis ein Mann vorüberkam und ihr als Zeichen der Einladung zum Geschlechtsverkehr eine Münze zuwarf, wobei er den Namen der Göttin anrief. Danach konnte die Frau nach Hause und in ihr normales Leben zurückkehren. Die Bezahlung ging nicht an die Frau, sondern an die Göttin, als Dankopfer für die Teilnahme an ihren Riten. Diese Tradition war in ganz Mesopotamien (Irak, Kuwait, Türkei, Syrien und Teile des Irans) verbreitet und ist auch in Ägypten, Arabien und Phönizien (Libanon) nachgewiesen worden.

In Ägypten wurden die Göttinnen Hathor und Bastet als Fruchtbarkeitsgöttinnen verehrt. Eine große Anzahl von Frauen besuchten ihre Feste, wo sie sangen, tanzten und sich den Männern im Dienst für die Gottheit anboten. In Hierapolis (Baalbek), im Libanon, gab es einen ähnlichen Brauch, der der Göttin Attar gewidmet war. Ziel all dieser Rituale war es, die Fruchtbarkeit der Göttin in das Leben der Menschen zu bringen. Darüber hinaus half der »sinnliche Zauber« der Frauen dabei, »das Verhalten der Männer reifen zu lassen«, schreibt Hesiod[13], einer der ersten griechischen Dichter. Das Animalische wurde so zu Liebe verfeinert.

Tempelpriesterinnen, zu deren Aufgaben Sexualriten gehören, werden von den Gelehrten manchmal als *Hierodule* bezeichnet (griechisch für »heilige Dienerin«). Der am häufigsten gebrauchte Begriff, »heilige Prostituierte«, ist dagegen wenig hilfreich. Das moderne Empfinden verbindet »heilig« mit der Weihe des göttlichen Geistes, »Prostituierte« dagegen mit Beflekkung, was den Begriff widersprüchlich erscheinen läßt. Der Verlust eines instinktiven Zugangs zum Leben und unsere Trennung zwischen Geist und Materie machen es uns schwer, den alten Glauben, der Sexualität als integralen Bestandteil der Spiritualität ansah, nachzuvollziehen.

Bei allen Festen zu Ehren der Fruchtbarkeitsgöttinnen gab es Musik und Tanz. Der Historiker Pausanias aus dem zweiten Jahrhundert berichtet, daß im klassischen Griechenland die Tempelpriesterinnen einen Tanz aufführten, der *Kordax* hieß. Dabei ließ man bei eng zusammengeschlossenen Beinen die Hüften kreisen. Die *Devadassis* (Tempelpriesterinnen) in Indien führten wollüstige Tänze auf, die dazu dienten, »die Freuden der Fruchtbarkeit und des Geschlechts zu propagieren, und die häufig in den äußeren Bezirken der Tempel in Skulpturen nachgebildet waren«. Diese Skulpturen sind noch heute zu sehen: vollbrüstige, schönhüftige Figuren, tiefgegurtet und geheimnisvoll lächelnd. Im 13. Jahrhundert gab es 20 000 dieser *Devadassis* in den Tempeln von Indien, und noch bis zum Ende des 19. Jahrhunderts gab es sie, obwohl ihre Zahl zu dieser Zeit bereits sehr zurückgegangen war. Pilger opferten ihnen Blumen, Früchte, Essenzen, wertvolle Gewebe und Schmuck.

Tanzen ist von allen ihren Künsten am höchsten entwikkelt... Pantomime der anmutigsten Art, verführerisch und dramatisch, Gesten, Drehungen und wunderbar wogende und ausdrucksvolle Bewegungen des Körpers.[14]

Es bleibt die Frage, was mit den religiösen Fruchtbarkeitstänzen im Kulturwandel geschah, als der alte Glaube, häufig auf brutale Weise, vertrieben wurde, um einem neuen Platz zu machen. Heute hängt der überwiegende Teil der Menschheit männlich dominierten Religionen an und lebt in patriarchalischen Gesellschaften, in denen die Macht der Frauen drastisch beschnitten ist. Die alten Semiten waren die ersten, die sich an die Abschaffung der matriarchalen oder Natur-Religionen machten. Im Gegensatz zu anderen Völkern des Mittleren Ostens ließen die hebräischen Stämme in ihrer Religion keine Priesterinnen zu. Doch die Unterdrückung des Heidentums und die daraus folgende Statusveränderung für die Frau geschah nicht über Nacht. Es dauerte eine lange Zeit, bis die alte Hochschätzung der Frauen von Furcht und Mißtrauen abgelöst wurde, einer Furcht, die sich darin ausdrückt, daß seither überall in der Welt die weibliche Sexualität und die Rolle der Frau im öffentlichen Leben immer mehr eingeschränkt wurde.

Es gibt verschiedene Theorien darüber, wie und warum diese Veränderungen stattfanden. Nach einer glaubte der Mann – nachdem er einmal begonnen hatte, seine Rolle bei der Schöpfung des Lebens zu verstehen – fälschlicherweise, daß er allein für alles verantwortlich und daß die Frau nur ein Gefäß für seine Schöpfung sei. So löste die männliche Erblinie die weibliche ab; die Rechte der Frau wurden eingeschränkt, und die Männer erhielten die absolute Autorität über die Fami-

Tanzende Yakshi aus Nordindien. 16. Jahrhundert. Roter Sandstein. Privatbesitz.

lie. Die Frauen verloren das Recht, Eigentum zu erben oder zu vererben; sie wurden selbst zu Besitz, gehörten erst ihren Vätern und dann ihren Ehemännern. Die neuen Gesetze zur Einschränkung der weiblichen Freiheiten waren extrem streng und sind bis heute nicht ganz verschwunden. Den alten hebräischen Brauch, eine Frau zum Tode zu verurteilen, die bei ihrer Hochzeit nicht mehr keusch war, findet sich heute noch in manchen Gegenden des Mittelmeerraums und der arabischen Welt.

Es dauerte Hunderte von Jahren, bis der Glaube an Göttinnen (und damit an die Macht der Frauen) unterdrückt war. Während all dieser Zeit verehrten Frauen ihre alten Gottheiten heimlich weiter. Belege dafür finden sich im Alten Testament. Überreste des Glaubens an Göttinnen kann man immer noch in den Religionen überall in der Welt finden, auch im Christentum mit seiner Marienverehrung und im Islam, dessen heiligstes Wahrzeichen, die Kaaba, die alte Göttin Arabiens symbolisiert.[15]

Im Verlauf von Jahrhunderten wurden die weiblichen Gottheiten zu männlichen uminterpretiert. Selbst in historischen Zeiten wurden – nach W. R. Smith[16] – noch Göttinnen der alten Semiten dem Prozeß der Geschlechtsumwandlung zu Göttern unterzogen. Doch einfach war es nicht, die alten Gottheiten auszulöschen, denn religiöse Mißbilligung allein reicht nicht aus, um Glauben und Gebräuche auszurotten.

Zwischen dem vierten und dem achten Jahrhundert wurden das Christentum und der Islam im Mittleren Osten zu den vorherrschenden Religionen. Bis zu einem gewissen Grad mußten diese männlich dominierten Religionen, die nun das Heidentum ersetzten, Konzessionen an ihre Vorgänger machen. Manche heidnische Riten wurden übernommen und dem eigenen Glauben eingefügt. Die ursprüngliche Bedeutung wurde dabei oft umgekehrt. So feiern die Christen etwa Ostern, dessen Ursprung ein Frühlingsfest der Fruchtbarkeit zu Ehren von Ostara, der sächsischen Himmelskönigin, war. Weihnachten ist eine Umarbeitung der heidnischen Saturnalia. Die Geburt Christi wurde auf den 25. Dezember gelegt, um mit dem Fest der Wintersonnenwende, der Geburt der Sonne, übereinzustimmen. Das Ritual zu diesem Anlaß, schon in Ägypten und Syrien gefeiert, stammt aus der alten persischen Mithasreligion, einem einst so mächtigen Glauben, der eine ernsthafte Konkurrenz für das Christentum war.

Um sich zu etablieren, mußten sowohl das Christentum wie auch der Islam die Rituale zerstören, in denen Göttinnen verehrt wurden. So versuchten sie, weibliche Tänze auszurotten, in denen die Sexualität und die Fruchtbarkeit gefeiert wurden. (Es gibt sogar die Vermutung, daß das islamische Verbot naturalistischer Darstellungen und Bilder seinen Ursprung darin hat, daß die Verehrung weiblicher Idole unterdrückt werden sollte.) Aus vermutlich demselben Grund findet man in der Bibel nur wenige Hinweise auf tanzende Frauen, während Männertänze laufend erwähnt werden.

Einer der seltenen biblischen Hinweise auf eine tanzende Frau ist die Geschichte von Salome, auch sie die christliche Adaption eines heidnischen Mythos, der zu einem der großen Themen des Tanzes geworden ist. Salomes Geschichte läßt sich auf Ischtar zurückführen, die babylonische Göttin der Liebe und der Fruchtbarkeit. In einer Allegorie auf Tod und Wiedergeburt der Natur stirbt der Liebhaber Ischtars und wird in die Unterwelt gebracht, die auch den fruchtbaren Schoß der Erde darstellt. Ischtar in ihrer tiefen Trauer schmückt sich in ihrer ganzen Pracht, um so ihren Geliebten zurückzuholen. Um zu den geheimsten Kammern der Unterwelt zu gelangen, muß sie sieben mal sieben Tore passieren. An jeder Gruppe von Toren muß sie als Preis für den Einlaß ein Schmuckstück und einen Schleier ablegen. Während ihrer Abwesenheit von der Erde wachsen weder Pflanzen, noch gibt es Liebe oder Fröhlichkeit. Erst als sie mit ihrem Geliebten zurückkehrt, erblüht die Natur wieder nach den unfruchtbaren Wintermonaten.

Der »Tanz der Schleier von Ischtar«, später benannt als »Willkommenstanz« oder »Shalome-Tanz« (vom hebräischen Gruß *Shalom*), wurde in der Bibel umgeschrieben und seine Bedeutung in ihr Gegenteil verfälscht. Im ursprünglichen Mythos bringt Ischtar das Leben zurück; in der Bibel nimmt Salome das Leben. Herodias, ihre Mutter, benutzt Salome, um sich an Johannes dem Täufer zu rächen, weil der ihre Heirat mit Herodes für ungültig erklärt hatte. Herodias beauftragt Salome, für Herodes an dessen Geburtstag zu tanzen, und als der König Salome alles, bis zur Hälfte seines Königreiches anbietet, ist es Herodias, die Salome dazu bringt, den Kopf Johannes des Täufers, der von Herodes eingekerkert wurde, zu fordern. So bestätigt die Geschichte die christliche Interpretation der weiblichen

Kräfte, die deren dunkle und zerstörerische Seite hervorhebt und nicht das Heilsame der weiblichen Magie.

Alle Massenreligionen neigen früher oder später zu Entstellungen und Exzessen; der ursprüngliche Glaube verliert schnell die Reinheit seiner Botschaft. Es ist wie bei der Stillen Post, wenn man jemandem eine Geschichte ins Ohr flüstert; ist sie einmal herumgegangen und in zwölf Ohren geflüstert worden, dann ist sie eine ganz andere Geschichte.

Im Mythos gibt es keine Schöpfung ohne Opfer. In jeder agrarischen Religion gibt es Belege für Menschenopfer, die dann mit der Zeit zu symbolischen Opfern wurden. Der Ritus des Menschenopfers erreichte seinen Höhepunkt, als man die Körper in Stücke schnitt und sie auf den Feldern begrub, um die Erde fruchtbar zu machen. Alle Überreste wurden verbrannt und die Asche über das Land verstreut. Bei der Verehrung von Göttinnen kam es zu Opferungen, die die freiwillige Kastration von Männern und das Begraben von männlichen Organen als Fruchtbarkeitsgaben miteinschlossen. Im Lauf der Zeit wurden diese Rituale immer exzessiver. Das große Frühlingsfest, das im Tempel der syrischen Göttin Astarte in Hierapolis abgehalten wurde, wurde von Eunuchenpriestern geleitet, die sich, von Gesängen und Getrommel befeuert, die Körper mit Messern aufschlitzten; die religiöse Begeisterung artete in eine ansteckende Euphorie aus, wobei die Urkraft der Musik und die Raserei der Menge manche Männer dazu brachte, sich selbst mit Schwertern zu kastrieren, die zu diesem Zweck bereitstanden.[17]

Vielleicht waren es diese Exzesse bei der Anbetung der Göttinnen, die die Männer veranlaßten, gegen die Macht der Frauen zu revoltieren. In jedem Fall war die dunkle Seite der weiblichen Sexualität immer ein Element der alten Legenden. In den neuen, männlich dominierten Religionen des Mittleren Ostens war das Mißtrauen und die Angst gegenüber der weiblichen Sexualität von großer Bedeutung und führte dazu, daß die Freiheiten der Frau beschnitten und alle Bräuche jenes Glaubens ausgemerzt wurden, dem sie ihre ursprüngliche Macht verdankte. Wie weit das Christentum von der alten Einschätzung der Sexualität als heiliger Pflicht abgekommen war und welches Ausmaß diese Angst und dieses Mißtrauen angenommen hatte, zeigt sich in der Bemerkung des Apostels Paulus, daß sich ein Mann durch die bloße Berührung einer Frau verunreinige und das Zölibat der Idealzustand der Menschheit sei.

Seite 34:
Die schreckliche Mutter; die indische Göttin Kali mit den Köpfen ihrer Opfer um den Hals. Modernes Plakat. Bombay.

Die Trennung von Körper und Geist ist ein zentrales Axiom des Christentums. Mit Fasten, Selbstkasteiung und Entbehrungen aller Art unterdrückte man die Bedürfnisse des Körpers und versuchte, einen Zustand der reinen Spiritualität zu erreichen. Scheiterten alle Versuche, die Fleischeslust zu unterdrücken, kam auch Kastration vor. Damit hatte der neue Glaube sich eines weiteren Brauches der Verehrung von Göttinnen bemächtigt, wenn auch mit einer neuen Begründung.

Allmählich ging der Göttinnenkult mit seinen Ritualen unter. Die Fruchtbarkeitstänze wurden an vielen Orten zu einer bloßen Erinnerung. Wo dieser Tanz überlebte, verlor er seine religiöse Bedeutung und wurde zu einer weltlichen Angelegenheit, zu einer Unterhaltung und später zu einer Kunstform, eher zum Betrachten als zum Teilnehmen geschaffen. In seiner berufsmäßigen Ausübung entwickelte er sich je nach den Gegenden unterschiedlich weiter, wo man ihn noch tanzte, so wie in Afrika oder Polynesien.

Entlang der Nordküste von Afrika, in den Ländern an den südlichen und östlichen Ufern des Mittelmeers und in den Wüstengegenden des Mittleren Ostens erfuhr dieser Tanz eine faszinierende Entwicklung. In diesen Gegenden, die heute zur arabisch-islamischen Welt geworden sind, entstand eine säkulare Kunst voller Gewandtheit und Vielfalt: entworfen von Frauen mit der Beckenbewegung als Grundlage. Obwohl dieses weltliche Vergnügen keine bewußte Verbindung mit dem alten Fruchtbarkeitstanz hat, von dem es abstammt, haften doch die Spuren seiner Herkunft unübersehbar an ihm.

In Kairo, in einem Hotel, dessen riesige, verstaubte Räume und verzierte Säulen von vergangener Größe zeugten, hörte ich eines Nachts Musik. Von ihr angezogen schlüpfte ich nach unten und spähte in den Ballsaal. Ich sah eine Hochzeitsfeier in vollem Gang und eine Cabaret-Tänzerin, die gerade ihren Auftritt hatte. Einer der Gäste erblickte mich, wie ich meine Nase an die Glasscheibe drückte. Er öffnete die Tür und lud mich mit der üblichen ägyptischen Gastfreundschaft ein. Die Tänzerin sah müde und gelangweilt aus. Sie wickelte nur ihr Programm ab und schien mit den Gedanken schon bei ihrem nächsten Auftritt. Schließlich drehte sie den Kopf und wisperte den Musikern ein paar Worte über die Schulter zu. Auf dieses Stichwort hin wurde der Tanz in einem großen Finale mit Trommeln und Drehungen beendet.

Die Spur der Zigeuner

Das Leben ist wie eine Ghaziya, *für jeden tanzt sie nur kurz.*
Ägyptisches Sprichwort

In ägyptischen Dörfern ist eine professionelle Tänzerin als *Ghaziya* bekannt (pl. *Ghawazee*). Die ursprünglichen *Ghawazee* waren Zigeunerinnen, inzwischen wird das Wort jedoch eher als Gattungsbegriff für Tänzerinnen verwendet und nicht mehr, um einen besonderen Stamm zu bezeichnen. Die bedeutende Rolle, die die Zigeuner bei der Entwicklung des weltlichen Tanzes gespielt haben, wird in der türkischen Sprache deutlich, in der sich das alte Wort für Tänzerin *(Cengi)* von *Cingene* (Zigeunerin) herleitet. Das ägyptische *Ghawazee* bedeutet »Eindringlinge« oder »Außenseiter«, und in der Tat haben ja die Zigeuner immer in den Außenbezirken der Städte und am Rand der Gesellschaft gelebt.

Die Zigeuner aller Länder haben einen gemeinsamen Ursprung in Indien und eine gemeinsame Sprache, das Roma, das aus dem Hindi kommt. Noch immer gibt es indische Stämme niederer Kasten, die keinen Platz in der Gesellschaft finden und im Nordwesten des Landes ein nomadisches Leben führen. Herzstück des Glaubens und Aberglaubens der Zigeuner ist die Hindu-Religion, ihre Schutzheilige die indische Göttin Kali, die »Schwarze Madonna« (bei europäischen Zigeunern als »Sarah, die Ägypterin« bekannt).

Die ursprünglichen Zigeunerstämme verließen Indien im fünften Jahrhundert, auf der Suche nach Arbeit und auf der Flucht vor den vielen Hungersnöten und dem mühseligen Leben. Manche wurden verbannt, wie etwa die Kathaka, fahrende Sänger aus dem Sind, die nach Norden gingen und Spielleute bei Hofe wurden. Sie genossen dort ein bequemes Leben, bis man sie erwischte, wie sie die kaiserliche Schatzkammer bestahlen, und des Landes verwies. Yoosef Maazin, der Stammvater der heutigen *Ghawazee*, die in der Nähe des Tempels von Luxor leben, berichtet, wie sein Stamm aus Persien kam. Er gibt zu, daß man sie wegen Diebstahls und eines allgemein schlechten Leumunds aus ihrer Heimat verjagte und daß sie daraufhin ihre Töchter und Söhne ermunterten, Tänzer und Sänger zu werden, um sich in Ägypten anzusiedeln.

C. R. Huber. *Zigeunerinnen des Sa'id, Ägypten.* Um 1870. Stich.

Etienne Dinet. *Algerische Frauen begleiten einen Tanz mit rhythmischem Klatschen.* 1900. Aquarell. Privatbesitz.

Die ersten Zigeunerstämme wanderten über Afghanistan und Persien, bis sich ihre Wege an der östlichen Mittelmeerküste teilten. Einige zogen in nördlicher Richtung über die Türkei nach Europa, andere folgten der südlichen Küste nach Ägypten. Man glaubt, daß sie über Nordafrika bis nach Spanien kamen, obwohl entlang der Küste nur wenige isolierte Zigeunergruppen gefunden worden sind. Manche nehmen an, daß sie über Frankreich nach Spanien kamen, doch die andalusischen Zigeuner glauben an ihre ägyptische Herkunft. In der Oase Fayyum im Nildelta kann man noch nomadische Zigeunerstämme finden, die weder arabisch sprechen noch dem Islam anhängen. Sie führen ihr Wanderleben fort und ziehen mit anderen Nomaden umher, um ihre Identität zu verschleiern und der Verfolgung zu entgehen.

In den Ländern, in denen sie sich niederließen, begegnete man den Zigeunern immer mit Feindschaft, als Außenseitern, die es ablehnten, sich den Werten der Gesellschaft anzupassen. Über Hunderte von Jahren hinweg verdienten sie sich den Lebensunterhalt mit öffentlichen Auftritten. Sie haben keine geschriebene Geschichte; statt dessen gaben sie ihre Tradition von Generation zu Generation weiter und erhielten sie mit Musik, Liedern und Tänzen, die einen besonderen Platz in ihrem Leben haben, aufrecht. Es gibt zwei Arten der Unterhaltung bei den Zigeunern: Die eine ist privat, die andere ist ihr öffentliches Repertoire. Musik und Tanz sind die verbindenden Elemente ihrer Kultur. Damit machen sie sich über den Dünkel jener feinen Gesellschaft lustig, in deren Häusern sie die Angehörigen unterhalten.

Der persische Dichter Firdusi beschreibt, wie König Bahram im fünften Jahrhundert fast 1000 Zigeuner nach Persien brachte. Sie sollten für die Unterhaltung seiner Untertanen sorgen, die sich darüber beklagt hatten, daß die Vergnügungen des Tanzes und der Musik den Reichen vorbehalten blieben. Obwohl er sie ermunterte, sich anzusiedeln, und ihnen zu diesem Zweck auch Rinder, Getreide und Esel zur Verfügung stellte, zogen es die Zigeuner vor, weiterhin ihr Wanderleben zu führen. Sie verspeisten einfach Rinder und Getreide und zogen weiter, als die Lust dazu sie packte.

Wenn sich die Zigeuner allerdings einmal niederließen, assimilierten sie lokale Traditionen und machten sie zu ihren eigenen. Sie übernahmen einheimische Volkstänze und Musik, bauten sie aus, verfeinerten sie und benutzten sie dann, um ihren Lebensunterhalt damit zu verdienen.

Wir haben gesehen, wie die Unterdrückung des Heidentums mit der Unterdrückung des Tanzes einherging. Erfüllt eine Tätigkeit grundlegende menschliche Bedürfnisse, gibt man sie jedoch nicht leicht auf. Die Traditionen des Tanzes blieben bei der Bevölkerung jenseits aller Einschränkungen durch die Zivilisation weitgehend unverändert. In der klassischen Welt wurde der Tanz vom Hauptstrom des Lebens getrennt; auf der einen Seite war er eine umsichtig geregelte Privatsache, auf der anderen wurde er von Professionellen ausgeübt.

Doch nicht nur die Zigeuner, sondern auch andere Minderheiten und die Armen entwickelten den weltlichen Tanz. Nicht zuletzt aufgrund dieser Verbindung mit den unteren Schichten wurde er zu einer Beschäftigung, die »respektablen« Bürgern unwürdig erschien.

Es gab auch noch einen anderen Grund. Tanz ist seiner Natur nach eine Tätigkeit, die das Gefühl erhebt und die Hemmschwelle senkt. Havelock Ellis, der im 19. Jahrhundert eine Studie über das sexuelle Verhalten verfaßte, bemerkt in einem anderen Zusammenhang: »Ein Mädchen, das eine Viertelstunde getanzt hat, ist in demselben Zustand, als ob sie Champagner getrunken hätte.« Tanz gehörte sich nicht für nüchterne Bürger, die Wert auf Würde und Selbstbeherrschung legten. Akzeptiert wurde er allenfalls zum Zwecke der Gymnastik.

Nach Ansicht des griechischen Philosophen Aristoteles konnten Musik und Tanz, umsichtig betrieben, der moralischen Schulung dienen und für höchste ästhetische Befriedigung sorgen. Er warnte jedoch davor, daß die Bürger diese Kunst in einem professionellen Ausmaß betrieben oder etwa musikalische Instrumente spielen lernten. Im klassischen Griechenland blieben alle diese Tätigkeiten als Beruf den Sklaven, Freigelassenen oder Ausländern vorbehalten.

Zu Beginn des ersten vorchristlichen Jahrhunderts stellte der römische Redner Cicero trocken fest: »Niemand tanzt im nüchternen Zustand, es sei denn, er ist mondsüchtig.« Nichtsdestotrotz richteten die Römer Tanzakademien ein. Es scheint, daß einige Bürger dort Fähigkeiten erwarben, die über das, was als angemessen galt, weit hinausgingen. Im vierten Jahrhundert nach Christus schrieb der lateinische Historiker Macrobius:

Banwali und Lal. *Indische Kathak – Unterhaltungskünstler bei der Hochzeit des Bagi Muhammad Khan.* Frühes 16. Jahrhundert. Aquarell. Victoria & Albert Museum, London.

Eugène Pavy. *Ägyptische Musiker.* Um 1850. Ölgemälde. Privatbesitz.

Um also mit jener Zeit zu beginnen, die am sittenstrengsten war, zwischen den zwei punischen Kriegen, so besuchten die Freigeborenen, doch was sage ich die Freigeborenen, nein, sogar Söhne von Senatoren, die Tanzschule... Schweigen will ich davon, daß auch Matronen das Tanzen nicht für unehrenhaft hielten, sondern selbst ehrbare unter ihnen sich mit dem Tanzen abgaben, nur daß sie nicht nach Vollendung in dieser Kunst strebten.[18]

Trotz aller Vorbehalte blieb der Tanz ein unverzichtbares Mittel, um private Festlichkeiten zu beleben. In diesem Zusammenhang bildete sich allmählich ein Gefühl für Technik und ästhetischem Wert des Tanzes heraus. Tanz wurde zur Kunst jener Personen, denen es Spaß machte, die eigene Virtuosität und Phantasie zur Schau zu stellen.

Die endlosen Umwälzungen der Geschichte, das Verschwinden von Völkern, ihre Veränderungen über verschiedene Perioden des Umbruchs hinweg, all das hat auch im Tanz überall in der Welt seine Spuren hinterlassen. Nicht immer ist es möglich, genau zu sagen, welche stilistischen Elemente eines Tanzes einheimisch sind und welche auf den Einfluß von Einwanderung zurückgehen. Doch es ist interessant, darüber zu spekulieren, wie Tanzbewegungen von Land zu Land gereist sind; und wie eine ähnliche Körperbewegung in zwei sonst unterschiedlichen Tanzformen beide in ihrem Repertoire bereichert hat.

Wellenartige Armbewegungen und ein seitliches Verrücken des Kopfes auf dem Hals sind typische Bewegungen des indischen, persischen, türkischen und arabischen Tanzes. Gesten mit den Fingern, die alle ihre eigene Bedeutung haben, sind ein wesentlicher Bestandteil des indischen Tanzes wie auch in der algerischen Hoggar-Region und im südlichen Marokko. In Andalusien findet man den Flamenco, dessen Name sich aus einer Verballhornung des arabischen *Fella* und *Mengu* ableiten soll, was soviel wie »flüchtender Bauer« bedeutet. Flamenco ist eine Kombination von Tanzbewegungen der Zigeuner und der Spanier mit einem starken orientalischen Unterton, der zum Teil auf die maurische Besetzung Andalusiens vom 7. bis zum 15. Jahrhundert zurückgeht. Doch es gibt gewisse Elemente des Flamenco, die ihren Ursprung weder in Nordafrika noch in Europa, noch im Mittleren Osten haben, sondern direkt aus Indien zu kommen scheinen – Elemente wie etwa die kontrollierte Fußarbeit und die Art, wie die Bewegung aus den Hüften bis in die ausgestreckten Arme aufsteigt. Die »Zambra Mora« (der maurische Tanz) ist eine wenig bekannte Form des Flamenco, die besonders orientalisch wirkt. Der Frauentanz spanischer Zigeunerinnen, wie er auf besonderen privaten Treffen aufgeführt wird, benutzt Hüftbewegungen, die denen arabischer Tänze sehr ähnlich sind. Er ist als *la danza serpiente* (Schlangentanz) bekannt, ein Name, der interessanterweise von den Spaniern auch zur Bezeichnung des arabischen Frauentanzes verwendet wird.

Das Einsetzen oder Nichteinsetzen eines bestimmten Körperteils hat sowohl mit Tabus wie mit ästhetischen Werten zu tun. Wie und warum es aber Frauen aus Nordafrika und aus dem Mittleren Osten waren, die – im Gegensatz zu Frauen aus anderen Gebieten – den alten Fruchtbarkeitstanz aufrechterhielten und aus ihm eine raffinierte Kunst machten, bleibt ein Rätsel.

Kennnzeichnend für den arabischen Tanz sind seine komplizierten Hüftbewegungen. Die haben sich – wenn man den fragmentarischen Beschreibungen vieler Jahrhunderte trauen will – in den letzten 1000 Jahren nur wenig geändert, wenn sich auch ihre Zahl erhöht und ihr Raffinement gesteigert hat. Zigeuner waren dabei nicht die einzigen Verantwortlichen für die Weiterverbreitung dieses Tanzes, auch wenn sie die wichtigste Rolle bei seiner Entwicklung spielten. Frauen, die die Invasionsarmeen der verschiedenen einander ablösenden Kolonialmächte begleiteten, trugen ebenfalls dazu bei, daß die Tänze von Land zu Land gelangten.

Die Armeen des Römischen Reiches (27. v. Christus bis 476 n. Christus) zogen über das Mittelmeer bis nach Ägypten und Arabien, nach Nordafrika ebenso wie nach Europa hinein. Bei allen Zweifeln, was den Tanz als Betätigung für respektable Bürger anging, genossen die Römer ihn doch als Zerstreuung und fingen um 60 vor Christus damit an, Tänzerinnen aus Syrien zu importieren. Properz, der größte römische Elegiker, erwähnt Frauen, die zur Belebung eines Banketts gemietet wurden, wo sie »laszive Tänze zum Klang von Flöten aufführten und sich dabei mit Kastagnetten selbst begleiteten«.

Am meisten begeisterten sich die Römer jedoch für die Tänzerinnen von Cadiz (damals als Gadez bekannt), einer Stadt, die phönizische Kolonie gewesen war, bevor sie unter römische Herrschaft kam. Verschiedene römische Dichter haben die Tänzerinnen von Cadiz ge-

Türkische Cengis im Harem. Um 1850. Postkarte eines Ölgemäldes. Privatbesitz.

Vorführung in einem persischen Palast. 1850. Stich nach einem Gemälde von Auguste Shoefft.

Syrische Bauernmädchen. 1860. Stich. *Illustrated London News.*

Seite 43:
Persische Mutrube. Quajar-Dynastie, frühes 19. Jahrhundert. Öl auf Holz. Victoria & Albert Museum, London.

feiert, darunter auch Ovid, von dem folgende Beschreibung stammt: »Mit Anmut bewegt sie in feinem Maße die Arme; schmeichelnd und lockend schwingen die Hüften dazu.«

Juvenal beschreibt Tänzerinnen, die »beim Applaus zu Boden sinken und erzittern ... ein Stimulans für matte Liebhaber, Nesseln, um reichen Männern wieder Leben einzupeitschen«. Der Dichter Martial sah sie »in immer neuen Windungen lasziv die Lenden schwingen«. Von einem Ende des Römischen Reiches zum anderen erfreute man sich an diesem Tanz.

Ende des ersten Jahrhunderts hatten sich die Tänzerinnen in Ägypten und anderen östlichen Ländern zu Gruppen zusammengeschlossen. Der folgende Auszug aus einem Papyrus der Cornell University gibt den Vertrag zwischen einer ägyptischen Tänzerin und ihrem Arbeitgeber wieder:

An Isidora, Kastagnettentänzerin, von Artemisia aus dem Dorf Philadelphia. Du, sowie eine weitere Kastagnettentänzerin – also insgesamt zwei – wirst für eine Aufführung anläßlich der Festlichkeiten in meinem Haus für die Dauer von sechs Tagen tanzen, beginnend mit dem 24. des Monats Payni nach dem alten Kalender. Ihr (beide) erhaltet 36 Drachmen pro Tag, darüber hinaus verpflichten wir uns, 4 Artabas Gerste sowie 24 Brotlaibe zu liefern. Sollten Gewänder oder Goldschmuck mitgebracht werden, so werden wir des weiteren für sichere Aufbewahrung Sorge tragen und euch zwei Esel für die Anreise wie für den Rückweg zur Stadt zur Verfügung stellen.[19]

Die Bezahlung wies sowohl auf den Status des Auftraggebers wie auf die Qualität der einzelnen Tänzerin hin und zeigt auch, welches Ansehen die Unterhaltungskünstler in der Gesellschaft im allgemeinen hatten. An einem Ende der Skala finden wir ägyptische Tänzerinnen während der vierten Dynastie (2680–2560 vor Christus), die mit goldenen Halsketten und wertvollen Juwelen belohnt wurden. Im krassen Gegensatz dazu standen die Tänzerinnen, die auf den Marktplätzen auftraten und deren Belohnung die Münzen waren, die ihnen die Vorübergehenden vor die Füße warfen – eine Tradition, die sich bis heute erhalten hat. Da sie über keinen sicheren Platz verfügten, um ihre Einnahmen zu verstauen, arbeiteten sie sie zu einem Teil ihrer Kleidung um, indem sie die Münzen an das Gewebe des Leibchens oder der Kopfbedeckung nähten, oder auch an die Tücher, die sie um ihre Hüften trugen.

Zeremonie am Hofe. 19. Jahrhundert. Persische Keramikkachel. Ethnologisches Museum Teheran.

Eine andere Lösung bestand darin, das Geld in Schmuck anzulegen, der zu jeder Zeit getragen werden konnte.

Im heutigen arabischen Tanz ist das Geklingel von Armreifen, Fußspangen, Anhängern und münzverzierten Kopftüchern eine fröhliche Ergänzung zur musikalischen Begleitung. Aus der alten Tradition der Tänzerinnen, die Einnahmen am Körper zu tragen, haben sich auch die Gold- und Silberspangen an den modernen Tanzkostümen entwickelt. Dazu gehört auch, daß sich die Tänzerin gelegentlich weit nach hinten zurücklehnt und jemanden aus dem Publikum auffordert, ihr eine Münze auf die Stirn, die Wangen oder die Lippen zu legen. In manchen Gebieten, wo der arabische Tanz zu Hause ist, gehört dieses Ritual noch zu jeder Aufführ-

rung. Auf diese Weise bezahlt das Publikum der Tänzerin einen Teil ihrer Einnahmen in Form von Trinkgeldern direkt, ob sie nun darum bittet oder nicht.

Weiter oben in der Hierarchie der professionellen Tänzerinnen standen diejenigen, die für private Feiern verpflichtet wurden. Die Spitze der Hierarchie bildeten in Persien, Äypten und Indien die Tanztrupps, die zum königlichen Haushalt gehörten. Die Lieblingstänzerinnen des Herrschers wurden oft mit riesigen Geschenken überhäuft.

Die Entlohnungen, die auf diese Weise an die Tänzerinnen entrichtet wurden, waren so maßlos, daß es hieß, der Niedergang und Fall einiger der ältesten und mächtigsten persischen und Moguldynastien sei auf derlei Extravaganzen zurückzuführen.[20]

Ein Lieblingsobjekt der Miniaturen der persischen Qajar-Dynastie des 19. Jahrhunderts ist die Darstellung von Unterhaltungsveranstaltungen. Die Tonkacheln, mit denen die Springbrunnen verziert sind, die der rituellen Fußwaschung vor dem Gebet dienten, zeigen häufig ganze Szenen von Lustbarkeiten, mit den dazugehörigen Früchteschalen, Weinschläuchen und einer Tanzgruppe drumherum.

Auf einer Europareise in der zweiten Hälfte des 19. Jahrhunderts begeisterte sich Schah Nasir ed-Dini für die Kostüme der Ballerinen. Er bestand darauf, daß sowohl seine Tänzerinnen wie auch die Hofdamen des königlichen Haushalts sie übernahmen. Wie die darstellende persische Malerei vor 1860 zeigt, hatten die Tänzerinnen bis dahin bodenlange, bauschige Kleider mit langen Hosen darunter getragen und einen dünnen Gürtel um die Taille, der vorne herunterhing. Ihre neue vom Ballett inspirierte Ausstattung mit knielangen Röcken und einem Oberteil, das so gut wie durchsichtig war, wurde als schockierende Neuerung empfunden. Ein Adliger kommentierte denn auch: »Es gibt zwei Klassen von persischen Frauen, die diese unschickliche europäische Kleidung tragen: Jene, die es sich leisten können, ihre Sittsamkeit zu verlieren, und jene, die nicht einmal wissen, daß sie ihre Sittsamkeit verlieren können.«[21]

Nicht immer lebten die Tänzerinnen am Hof. Manche wurden nur bei besonderen Gelegenheiten geholt. Andere, im allgemeinen Sklavinnen, waren Mitglieder des Königlichen Harems und Konkubinen des Herrschers und seiner Verwandten. Sie wurden gewissen-

Persisches Kostüm vor 1860. Miniatur. Israel-Museum, Jerusalem.

Dalvimart. *Türkische Cengi mit Fingerzimbeln aus Messing.* 1802. Colorierter Stich. Victoria & Albert Museum, London.

haft in den Künsten ausgebildet und waren oft die einzigen gebildeten Frauen ihrer Gesellschaft. Im Fall der besten Kurtisanen-Tänzerinnen war das die Regel. (Das galt auch für die griechischen *Hetären,* die japanischen Geishas und die Tänzerinnen im klassischen Indien.) Sie rühmten sich, des Lesens und Schreibens kundig zu sein, die Kunst der Konversation zu beherrschen, und waren ausgebildete Sängerinnen, Musikerinnen und Tänzerinnen. Sie waren auch wohlangesehen, einige von ihnen verfügten über Besitz, der ihnen von ihren Herren geschenkt worden war.

Scheich Abd al-Rahman al-Djabarti berichtet von einer ägyptischen Sängerin, die zu Beginn der Fatimiden-Dynastie in Kairo lebte. Als Fatimid al-Moezz 969 die gerade eroberte Stadt betrat, wurde er von ihr und ihrer Musiktruppe mit einem Lied begrüßt:

Abbasiden gebt eure Macht auf
Moezz ist jetzt König geworden
Euer Szepter war nur eine Leihgabe
Und alle Leihgaben müssen zurückgegeben werden

Der neue Herrscher war so angetan, daß er die Sängerin mit einem Anwesen im Herzen der Stadt belohnte.

Sängerinnen, Dichterinnen und Musikerinnen genossen unter den weiblichen Unterhaltungskünstlerinnen das höchste Ansehen, wohl auch deswegen, weil sie im Gegensatz zu den Tänzerinnen den Schleier trugen und in der Öffentlichkeit ein bescheidenes Benehmen an den Tag legten. In Ägypten wurden sie als *Awalim* (sing. Almeh) oder »gebildete Frauen« bekannt. Als im 19. Jahrhundert die Europäer nach Ägypten kamen und über die Unterhaltungskünstler schrieben, bezeichneten sie häufig auch eine Tänzerin als *Almeh,* doch die wirklichen *Awalim* haben selten getanzt. Allerdings scheinen Tänzerinnen gelegentlich auch Gesang in ihr Repertoire aufgenommen zu haben, um sich mehr Ansehen zu verschaffen. Die wirklichen *Awalim* waren hochgebildet und in allen Künsten bewandert. Bei Hochzeiten bestand ihre Rolle darin, der Braut gemeinsam mit den Tänzerinnen die Verwendung von Lied und Tanz in der Liebeskunst beizubringen.

Eine der bekanntesten *Awalim* des 19. Jahrhunderts war Sakina al-Maz. Wenn sie für ein männliches Publikum sang, verbarg sie sich hinter einem Schirm und erzählte ihre Lebensgeschichte in Liedern, die immer leidenschaftlicher wurden, je mehr sie durch den Applaus und die Begeisterung der Zuhörer angefeuert wurde. Wir haben eine Beschreibung von Sakina, die von Lucie Duff Gordon stammt, einer Engländerin, die in den 60er Jahren des 19. Jahrhunderts in Ägypten lebte:

Sakina... ist 55 – ein häßliches Gesicht, wie man mir gesagt hat (sie war verschleiert, und man sah nur die Augen und ein wenig von ihrem Mund, wenn sie Wasser trank), aber die Figur eines Leoparden, ganz Anmut und Schönheit, sowie eine wunderbare Stimme, rauh aber aufregend. Ich hielt sie für 30 oder höchstens 35. Als sie improvisierte, waren Raffinement und Anmut ihres ganzen Wesens hinreißend. Von den armenischen Damen, mit denen sie zwischen ihren Liedern sprach, wurde Sakina mit großem Respekt und ganz wie eine Freundin behandelt. Sie ist Muselmanin (Muslimeh), sehr reich und wohltätig. Für eine Nacht Singen bekommt sie mindestens 50 Pfund.[22]

Einem anderen Beobachter aus derselben Zeit, dem Deutschen Georg Moritz Ebers zufolge, begannen die *Awalim* ihre Karrieren in den Häusern der Reichen. Wenn ihre Stimmen die Frische und den Charme verloren, zogen sie sich ins Privatleben zurück. Dabei war es nicht unüblich, daß sie den Namen ihres Gönners übernahmen und mit ihm das ganze Leben in Verbindung blieben. Manche heirateten auch und setzten ihre Karriere fort. Der Ehemann wurde zu ihrem Manager und Organisator. Die weniger erfolgreichen *Awalim* sangen in der Öffentlichkeit und tanzten dabei auch. Ein Hinweis auf das Prestige, das sie genossen, ist die Tatsache, daß sie 1834, als die Tänzerinnen aus Kairo vertrieben wurden (siehe Kap. 3), in der Stadt bleiben durften.

Huda Shaarawi, eine Führerin der ägyptischen Frauenbewegung, erinnert sich an eine reisende Dichterin, die in den 90er Jahren des 19. Jahrhunderts, als sie selbst noch ein Kind in Kairo war, ihr Haus besuchte:

Sayyida Khadija beeindruckte mich, denn sie setzte sich immer zu den Männern und diskutierte mit ihnen über Literatur und kulturelle Dinge. Ich wußte, wie Frauen ohne Bildung vor Scham und Angst zitterten, wenn man sie bat, auch nur ein paar Worte mit einem Mann zu sprechen, selbst wenn sie hinter einem Schirm standen.[23]

Im allgemeinen hing der Status von Unterhaltungskünstlerinnen von der gesellschaftlichen Position ihrer Gönner ab und war immer etwas unsicher. Denn, auch wenn sie zu Beginn ihrer Karriere Prestige und Zuneigung genossen, so war das keine Garantie dafür, nicht

Lorie. *Die ägyptische Almeh Sakina al-Maz.* Um 1870. Stich.

Gagarin. *Türkische Bayadere.* Um 1850. Aquarell. Victoria & Albert Museum, London.

in Ungnade zu fallen und entlassen zu werden, wenn ihr Geschick und ihre Schönheit einmal zu verblühen begannen. Eine Methode, sich gegen die Launen des Schicksals abzusichern, bestand darin, sich in einer Gruppe zusammenzuschließen. Die *Cengis* in der Türkei waren in dieser Hinsicht gut organisiert. Ein älteres Mitglied der Truppe fungierte als Managerin für alle. So genossen sie ein Maß an Sicherheit, über das nur wenige unabhängige Unterhaltungskünstlerinnen verfügten.

Die Haltung der Öffentlichkeit gegenüber den professionellen Tänzerinnen war in Nordafrika und dem Mittleren Osten immer zwiespältig. Der Hauptgrund liegt darin, daß der Islam als dominierender Glaube der arabischen Welt dem Tanz gegenüber Vorbehalte hat. Das ursprüngliche Ziel Mohammeds war nur gewesen, die Menschen seiner Heimatstadt Mekka vom Heidentum abzubringen. Als missionarischer Glauben überschritt der Islam jedoch bald seine anfänglichen Grenzen und breitete sich noch zu Mohammeds Zeiten in Arabien aus. Nach dem Tod Mohammeds 632 brachten immer neue Eroberungszüge den Glauben in andere Teile der Welt. Im siebten Jahrhundert wurden Syrien, Ägypten und Tunesien unter arabische Kontrolle gebracht. Dann folgten Algerien und Marokko. Zu Beginn des achten Jahrhunderts eroberten die Mauren das südliche Spanien und begründeten dort eine Zivilisation voller Reichtum und Bildung, die in der Kunst Spaniens unauslöschliche Spuren hinterlassen hat. Vom neunten Jahrhundert an beherrschten die Moslems Persien und fast das gesamte Indien.

Im islamischen Glauben sind das Heilige und das Weltliche untrennbar verbunden. Auch das Vergnügen muß daher mit den religiösen Prinzipien in Einklang stehen. Dies war nicht bei allen Formen des Tanzes möglich; die sicherste Lösung bestand daher darin, die ganze Kunst zu verdammen. Es gab jedoch noch einen weiteren Grund, den Tanz von Frauen in der Öffentlichkeit zu verurteilen. Es ist ein Grundsatz des Islam, daß Frauen ihren Körper nicht in der Gegenwart von Fremden zeigen. Tänzerinnen waren die einzigen Frauen, die dieses Gesetz übertraten und sich unverschleiert in der Öffentlichkeit zeigten, die in der islamischen Welt eine Domäne der Männer ist.

Die professionellen Tänzerinnen gehörten Gemeinschaften an, die zwar häufig Lippenbekenntnisse für die islamischen Gebräuche ablegten, dabei aber ihren alten Glauben aufrechterhielten. Bei den Zigeunern und bei Gruppen, die außerhalb der in den Städten gültigen Regeln lebten, wie etwa die Wüsten-Beduinen, sind die Tabus immer geringer gewesen, sowohl beim Auftreten der Frauen in der Öffentlichkeit als auch beim Tanz.

Doch gerade weil sie sich über alle Konventionen hinwegsetzten, wurden die Tänzerinnen zum wichtigsten öffentlichen Ausdruck der Sinnenfreude und Schönheit, und sie blieben es auch. In vielen Ländern des antiken Ostens glaubte man, daß Tänzerinnen Glücksbringerinnen seien, da immer noch etwas von der alten »göttlichen« Kraft der Tempeltänzerinnen an ihnen haftete. Bei allen öffentlichen und privaten Feierlichkeiten spielten sie eine wesentliche Rolle, nicht nur weil sie Glück brachten, sondern auch, weil sie die Feste belebten. Wenn sie für reiche Herrschaften auftraten, übernahmen sie sozusagen eine Stellvertreterrolle. Sie gaben sich einer Tätigkeit hin, die ihrem Publikum verwehrt war und die zu genießen ihm nur ersatzweise als Zuschauer möglich war.

In gewissem Sinne war die Verdammung des öffentlichen Tanzes durch den Islam für die neuen professionellen Tänzerinnen von Vorteil, da sie dadurch einen Platz in der Gesellschaft erhielten, der von niemand anderem besetzt werden konnte. Manchen gelang es sogar, die Trennungslinie zur respektablen Gesellschaft zu überschreiten. Die berühmteste Frau, der dies in vorislamischer Zeit gelang, war eine Tänzerin und Kurtisane aus einfachen Verhältnissen namens Theodora. Im Jahre 527 heiratete sie den Kaiser Justinian und wurde im byzantinischen Reich zur bestimmenden Kraft hinter dem Thron.

Tänzerinnen, die über große Kunstfertigkeit verfügen, verdienen heute beträchtliche Summen und werden in den Kreis ihrer reichen Gönner aufgenommen. Die große Zahl der weniger begabten Tänzerinnen freilich trägt weiterhin das Stigma dieses Berufes.

Es gibt jedoch auch Vorzüge, in deren Genuß alle Tänzerinnen der arabisch-islamischen Welt kommen und die ihre unsichere Position am Rand der Gesellschaft ausgleichen. Dadurch daß sie sich ihren Lebensunterhalt selbst verdienen, verfügen sie über ein gewisses Selbstbewußtsein und Autorität. Darüber hinaus erlaubt ihnen ihr Beruf eine Freizügigkeit des Verhaltens, die anderen Frauen verboten ist und die in populären Beschreibungen ihren Niederschlag gefunden hat. Die marokkanischen *Chikhat,* die in Trupps auftreten und von Ort zu Ort ziehen, um Familienfeste zu unterhalten, sind bekannt als »Frauen, die keine Männer wollen, die ihnen sagen, was sie zu tun haben«. Heirat ist diesen Tänzerinnen nicht notwendigerweise verwehrt. Oft hängen die Familien, ja sogar die männlichen Verwandten von ihren Einkünften ab. Das ist eine interessante Umkehrung der Verhältnisse. Normalerweise sind die moslemischen Frauen ans Haus gebunden, während der Mann für den Lebensunterhalt sorgt. So sollen sie vor der rauhen Wirklichkeit der grausamen Welt geschützt werden. Es ließe sich eine Parallele zu den indischen Kurtisanen-Tänzerinnen ziehen, die in Bombay in der Anlage von Pavanpul leben. Dort wird – im Gegensatz zum üblichen Brauch – die Geburt eines Mädchens gefeiert, und es wird von seiner Kindheit an auf seinen zukünftigen Beruf vorbereitet.

In einem Interview kurz vor seinem Tod sagte Yoosef Maazin, er sei glücklich, mit so vielen schönen Töchtern gesegnet zu sein, denn sie hätten ihm ein hübsches Auskommen gesichert. (In der arabischen Welt erhofft eine Familie im allgemeinen eher die Geburt eines Sohnes als die einer Tochter.) Maazin erlaubte seinen Töchtern die Freuden männlicher Gesellschaft im Hause. Er tat dies ganz bewußt, um sie von einer Heirat abzubringen. Er rechnete damit, daß sie, solange sie ein gewisses Maß an Freiheit genossen, nicht übermäßig ungeduldig werden würden, was die Ehe anging. Denn mit der Hochzeit endet die Karriere einer *Ghaziya.*

Heute sind die Maazin-Schwestern berühmt. In den vergangenen Jahren hat man im Westen immer wieder Interviews mit ihnen gemacht sowie Filme über Tanz und das Leben der Zigeuner. Doch wissen sie ganz genau, daß sie – trotz ihres Ruhms – bei ihren eigenen Leuten als Heiratspartner nicht in Frage kommen. Eine von ihnen hat dazu folgendes bemerkt:

Ich wünsche mir nur dann, keine Tänzerin zu sein, wenn ein Mann aus einem anderen Stamm sich in mich oder eine meiner Schwestern verliebt. Seine Familie würde einen Krieg beginnen, um ihn von einer Hochzeit mit einer Ghaziya *abzuhalten. »Wie kannst du eine Tochter von Maazin heiraten? Eine Tänzerin und Sängerin, die vor anderen auftritt?« Sie nennen uns* Ghaziya. *Für sie ist das ein Schimpfwort. Aber für uns bedeutet es, daß wir mit unserem Tanz ihre Herzen erobern.*

Ein Zauber jenseits der Schönheit

Es war von einer tiefen Dramatik, ein Gedicht der Liebe, das Worte nicht ausdrücken können.
G. W. Curtis

Europa und die arabische Welt haben eine Beziehung zueinander, die älter ist als das Christentum und der Islam. Im Römischen Reich gehörten sie zum selben politischen System; seit Tausenden von Jahren fand zwischen ihnen ein Gedankenaustausch statt. So hat der Westen viele Elemente östlichen Denkens aufgenommen, darunter vor allem das der religiös begründeten Herrschaft. Es stammt aus der persischen Mithras-Religion, die den König mit der Sonne gleichsetzt. Weiter verdankt die westliche Zivilisation dem Osten das Christentum, eine Religion, die im Mittleren Osten ihren Ursprung hat und der der Westen, nachdem sein eigener heidnischer Glaube einmal überwunden war, seit fast 2000 Jahren anhängt.

Wie das Christentum ist auch der Islam eine missionierende Religion. Nach beträchtlichen Erfolgen in anderen Teilen der Welt stand er im 9. Jahrhundert, als Berber und Araber das südliche Spanien erreichten, kurz davor, Europa zu erobern. Die Bedrohung durch die islamische Kolonisierung war einer der Gründe für die christlichen Kreuzzüge. Doch auch in der Zeit, als die Kirche sich zum Krieg gegen den Osten rüstete, blieb die europäische Intelligenzija bei ihrer uneingeschränkten Bewunderung für die arabische Kultur.

Die maurische Kultur im Andalusien des 10. bis 12. Jahrhunderts war voller Reichtum und Eleganz. Gelehrte aus ganz Europa zogen in die Zentren der Wissenschaft nach Cordoba und Sevilla und entdeckten in diesen Treffpunkten der Kulturen die verloren geglaubten griechischen Klassiker in arabischer Übersetzung wieder. Sie machten aber auch Bekanntschaft mit der Gelehrsamkeit der islamischen Welt. Die Begeisterung der mittelalterlichen, christlichen Scholaren für dieses Wissen war einer der wichtigsten Anstöße zur Renaissance der europäischen Kultur und führte zur Gründung der ersten europäischen Universitäten.

Während der folgenden Jahrhunderte bezog die europäische Kultur weiterhin islamisches Denken mit

Ghaziya. Um 1839. Bemalte Daguerrotype, Privatbesitz.

ein – wenn auch nie mehr in dem Ausmaß wie zuvor. Erst mit der Einrichtung fester Handelsrouten in den Osten im 17. und 18. Jahrhundert blühte eine neue Faszination für die Kulturen Asiens und Nordafrikas auf.

Im 16. Jahrhundert, einer entscheidenden Phase für die bildenden Künste in Europa, kam es zu Übernahmen aus dem islamischen Bereich. Die ornamentale Kunst in Europa war ihrem Wesen nach naturalistisch, dreidimensional und grundsätzlich statisch und schwer. Die zweidimensionale Arabeske der islamischen Kunst mit ihren fließenden, verschlungenen Linien brachte Rhythmus und Bewegung in die europäische Tradition. Sie wurde so sehr in den klassischen und gotischen Stil eingearbeitet, bis sie nicht mehr als Einfluß von außen erkennbar war. Die Arabeske war für alle Arten des Kunsthandwerks geeignet, für Metallarbeiten, Keramik, Stickerei und Textilien ebenso wie für die Architektur. Auch die Druckkunst profitierte vom Einfluß des Islam: Türkische Künstler brachten die Technik des Marmorierens (die Verwendung von Ölfarben in Wasser) nach Europa.

Trotz der Feindseligkeiten zwischen Europa und dem Mittleren Osten im späten Mittelalter und der frühen Renaissance ging der Handel weiter. So konnten Handwerker und Künstler noch immer die schönen Künste des Ostens sammeln und studieren. Auf Holbeins Porträts von Tudorkönigen und -königinnen kann man orientalische Decken auf den Möbeln, an der Wand und sogar üppig auf dem Boden ausgebreitet sehen. Diese Teppiche wurden bei den wohlhabenderen Mitgliedern der Gesellschaft immer beliebter. Ab 1600 stellte man sie in Persien und in der Türkei eigens für den europäischen Markt her. Vom späten 17. Jahrhundert an gehörten verschiedene Haushaltsgegenstände, Kleidermoden und Gebräuche aus dem Osten ebenso zum Lebensstil der europäischen Gesellschaft wie Kaffeehäuser, türkische Bäder und das Tragen von Turbanen.

Im 19. Jahrhundert war der »Orientalismus« fest verankert. Der Orient war eine schwer bestimmbare Gegend, die Teile Asiens, des Mittleren Ostens, Nordafrikas und des Mittelmeerraumes umfaßte. Er war ein Teil der Welt, mit dem der Westen vorher nur gelegentlichen Kontakt gehabt hatte, vor allem durch Händler, politische Abenteurer und wohlhabende Reisende.

Mit dem 19. Jahrhundert rückte der Mittlere Osten, dessen größter Teil von den türkischen Ottomanen beherrscht war, ins Zentrum des Interesses. Deren Reich erstreckte sich an seinem Höhepunkt von Wien bis zum Jemen und umfaßte Teile Afrikas und Asiens. Die verbindende Klammer für all diese Gebiete war der Islam. Als jedoch die Kraft der Ottomanen, ihr Reich zusammenzuhalten, langsam erlahmte und die Macht der Europäer wuchs, begannen die Gemeinwesen in verschiedenen Teilen des Mittleren Ostens, sich in Europa nach Schutz und Allianzen umzusehen.

Die geläufigste Ansicht über den Orientalismus geht von Edward Saids These aus, daß der Westen den Osten ausgebeutet, mißverstanden, ja ihn sogar für seine eigenen dunklen Zwecke erfunden habe.[24] Es ist leicht, aus dem reichen Angebot an Material Beispiele auszuwählen, die diese Theorie stützen, und solche, die es nicht tun, zu ignorieren. Doch die Ansichten der Orientalisten zum Mittleren Osten sind genauso unterschiedlich wie die Menschen, die sie artikulieren. Unglücklicherweise hat eine fast obsessive Befangenheit durch den europäischen Kolonialismus vielen Kritikern den Blick auf die komplexen Wechselbeziehungen verstellt, die Hunderte von Jahren zwischen Europa und der arabisch-islamischen Welt bestanden haben. Diese Obsession hat nur dazu geführt, die vorhandenen Mißverständnisse weiter überdauern zu lassen. Viele Europäer, die in die arabische Welt reisten, zogen das Leben, das sie dort vorfanden, dem europäischen vor. So schrieb der französische Maler Delacroix von einer Nordafrikareise 1832 über die Marokkaner:

Sie sind der Natur auf tausenderlei Weise näher, in ihrer Kleidung, in der Form ihrer Schuhe. Und so ist Schönheit in allem, was sie machen. Was uns angeht, in unseren Korsetts, unseren engen Schuhen und unserer lächerlichen Kleidung, die überall zwickt, wir sind zu bemitleiden.[25]

Im August 1762 nahm der deutsche Forschungsreisende Carsten Niebuhr an einer dänischen Expedition in den Jemen teil. Als er und seine Mannschaft in Kairo auf ein Boot warteten, das sie weiterbringen sollte, gaben sie einigen Tänzerinnen Geld, um unterhalten zu werden. Da die Mannschaft aus unverheirateten Männern bestand, war es den Tänzerinnen verboten, für sie privat aufzutreten, und so fand die Aufführung vor ihrem Hotel statt:

Ghawazee in Asiut führen Reisenden bei Fackelbeleuchtung ihre Tänze vor. Mitte des 19. Jahrhunderts. Stich. Sammlung *Arabesque*, New York.

Zunächst gewannen wir dieser Art von Vergnügung nicht viel ab, denn die Musik war ziemlich schlecht und die Frauen nach unserem Dafürhalten unanständig. Sie stellten sich uns in jeder Weise zur Schau, und sie erschienen uns häßlich mit ihren gelbgefärbten Händen und blutroten Fingernägeln. Die schwarzen und blauen Halsketten, die schweren Fußspangen, die Ringe in ihren Ohren und Nasen und der übermäßige Gebrauch von Fett in ihrem Haar, all das war ganz und gar nicht nach unserem Geschmack. Doch dann, ganz allmählich, änderten wir unsere Meinung und fanden sie schließlich schön, so schön, daß wir ihren Auftritt ebenso genossen wie den der besten Tänzerinnen und Sängerinnen Europas.[26]

Dieser Bericht ist eine der ersten westlichen Beschreibungen, die wir über die Tänzerinnen haben. Für spätere Reisende sollten sie zu einer der größten Attraktionen werden. Im Zusammenhang mit Napoleons erfolglosem ägyptischen Feldzug 1798 fand die erste planmäßige europäische Expedition nach Ägypten statt. Dieses Datum kann als Beginn der orientalistischen Epoche angesehen werden. Als Napoleon in See stach, nahm er eine Gruppe von Gelehrten mit, die die Kultur des Landes und seine Entwicklung von den Anfängen bis in die moderne Zeit untersuchen sollten. Die

Besetzung Ägyptens war nur von kurzer Dauer, aber die umfangreiche *Description de l'Egypte,* die seine Forschergruppe verfaßte, erwies sich als von bleibendem Wert und rief enormes Interesse am Mittleren Osten hervor.

In Kairo trafen die Soldaten Napoleons auf die *Ghawazee,* die in al-Hhoshe Derbek (Straße der offenen Halle) gemeinsam mit anderen Gruppen, die keine Zigeuner waren, lebten und sich ihren Lebensunterhalt durch öffentliches Auftreten verdienten. Im täglichen Umgang konnten die Tänzerinnen der einzelnen Gruppen sich gegenseitig beeinflussen und voneinander lernen und entwickelten so einen Tanz, der dem ägyptischen wie dem Zigeunertanz etwas verdankte.

Engelmann. *Tanz in Benisouef.* Um 1850. Lithographie.

Seite 56/57:
Leopold Carl Müller. *Ghaziya aus Sa'id, Ägypten.* Mitte des 19. Jahrhunderts. Ölgemälde. Mathaf Galerie. London.

Die *Ghawazee,* die nicht in Kairo lebten, lagerten an den Ufern des Nils. Sie reisten viel herum, und zur Zeit der Frühlings- und Herbstfeste war das Nildelta übersät von ihren bunten Zelten. Es heißt, sie seien die Hauptattraktion dieser Festlichkeit gewesen. Die Schausteller brachten ihren Affen Parodien der *Ghawazee*-Tänze bei und hatten damit großen Erfolg auf den *Mouleds* (volkstümliche religiöse Feste zu Ehren von Heiligen).

Wie wir gesehen haben, war der Ruf der professionellen Tänzerinnen vom sozialen Status ihres Publikums abhängig. Wer für die reiche und herrschende Elite tanzte, war hochangesehen und kam auch selbst zu Reichtum. Manche Tänzerinnen verfügten über Besitz, Tiere, ja sogar Sklaven, bekannten sich zum Islam und nahmen an den Pilgerzügen nach Mekka teil. Am anderen Ende der Skala befanden sich jene, die ihren Lebensunterhalt sowohl mit Tanz als auch mit Prostitution verdienten. Sie lebten abseits der Gesellschaft und heirateten innerhalb ihres Stammes. Die Ehe beendete ihr Tanzen nicht, vielmehr waren die Ehemänner finanziell von ihnen abhängig und arbeiteten oft als Musiker und Manager für ihre Frauen.

Wie so viele, die sich mit ihrer Lebenskunst am Rande der Gesellschaft durchschlagen, konnten die *Ghawazee* mehrere Sprachen und hatten einen Geheimcode, den Außenstehende nicht verstanden. Man konnte sie auf öffentlichen Plätzen finden, in Cafés und auf den Stufen von Hotels. Im Gegensatz zu den *Awalim* wurden sie nicht in »ehrenhafte« Harems eingeladen. Die *Awalim* verließen Kairo, als Napoleon die Stadt besetzte, und weigerten sich, seine Soldaten zu unterhalten. Die *Ghawazee* dagegen fraternisierten mit den Franzosen. Napoleons Generäle warfen ihnen vor, Unruhe zu schüren, und drohten ihnen schwere Strafen für den Fall an, daß sie sich nicht von den Kasernen fernhielten. Doch nach den Berichten des französischen Schriftstellers Auriant ließen die Frauen sich durch diese Drohung nicht abschrecken. Daraufhin wurden 400 von ihnen festgenommen und geköpft. Ihre enthaupteten Körper warf man in den Nil.

Weniger barbarisch, aber noch entschlossener war die Aktion von 1834, als die *Ghawazee* aus Kairo ausgewiesen wurden. 1799 hatte Muhammed Ali, ein albanischer Abenteurer, in Ägypten die Macht ergriffen und begonnen, das Land mit Hilfe von europäischen Beratern zu modernisieren. Religiöser Druck und der

Seite 59, oben:
Luigi Mayer. *Tänzerinnen mit Stammmestätowierungen.* Aquatintdruck. Victoria & Albert Museum, London.

Seite 59, unten:
David Roberts. *Ghawazee in Kairo.* 1842. Farblithographie. Victoria & Albert Museum, London.

schlechte Ruf der Tänzerinnen bewogen ihn, sie nach Oberägypten zu verbannen, wo sie sich in den Städten Esna, Assuan und Kean ansiedelten. Jeder Frau, die sich dem Bann widersetzte, drohten beim erstenmal 50 Peitschenhiebe und – bei jeder weiteren Mißachtung des Gesetzes – die Verurteilung zur Zwangsarbeit.

Es scheint, daß einige Tänzerinnen dennoch nicht gehorchten und ihren Beruf weiter ausübten, wenn auch in aller Heimlichkeit. Viele Reisende berichteten, daß es immer möglich war, sie zu finden, wenn man nur lange genug suchte. Der Amerikaner Charles Leland schrieb in den 70er Jahren des 19. Jahrhunderts, es sei trotz des Verbots weiterhin Mode bei den Reichen, ihre Feste mit Tänzerinnen zu beleben.[27] Er fügte hinzu, daß die meisten Reisenden, hätte man sie vor die Wahl gestellt, eher auf die Pyramiden als auf die Tänzerinnen verzichtet hätten.

Der französische Autor Charles Didier war derselben Meinung, auch wenn er es schwer hatte, seine Neugier zu befriedigen:

Ich war besessen von dem Wunsch, sie zu sehen. Gott weiß, wie lange ich gesucht, wie viele Nachforschungen ich angestellt hatte. Ich hatte mich um die Unterstützung von Dritten bemüht, manche von ihnen waren sehr wichtige und mächtige Leute. Aber es blieb bei schönen Versprechungen, von denen keine einzige erfüllt wurde. Hari-Bey selbst wollte nicht nur über die Illegalität der Sache hinwegsehen, sondern mir auch helfen und mich beraten. Aber nicht einmal seine Protektion und sein Einfluß reichten aus, irgendwelche Erfolge zu zeitigen.
Die wenigen Tänzerinnen, die in Kairo geblieben waren, wagten es nicht, aus ihrem Versteck zu kommen, solche Angst hatten sie; keine war bereit, sich, für welchen Preis auch immer, der Gefahr einer Verhaftung auszusetzen. Unter meinem Dach oder im Haus eines anderen Europäers waren sie zwar sicher, doch die Polizei hätte durch den Klang der Tars *und Fingerzimbeln alarmiert werden und sie draußen abfangen können.*[28]

Schließlich, ganz zufällig, traf Didier eine *Almeh,* die ihn zu sich nach Hause nahm und dort für ihn sang und tanzte. Als er seinen Wunsch äußerte, den *Ghawazee*-Tanz zu sehen, versprach sie, wenn auch widerstrebend, eine Vorführung für ihn zu arrangieren. Erfreut zog er los, um die nötigen Vorbereitungen zu treffen, ein Boot zu mieten und die Einkäufe für das nächtliche Fest zu tätigen. Am Tage des Festes

J.L. GEROME

Schwertertanz in Jericho. Um 1870. Lithographie.

Seite 60/61:
Jean-Léon Gérôme. *Almeh beim Schwertertanz.* Um 1870. Ölgemälde. Herbert & Johnson Museum, Cornell. University, New York.

Luigi Mayer. *Fest in Ned Sili.* Aquatintdruck. Privatbesitz.

ging er wie verabredet zur *Almeh.* Aber sie tauchte nicht auf, und obwohl er fast den ganzen Tag und die ganze Nacht auf sie wartete, sah er sie nie wieder. Einige Zeit später erfuhr er, daß die *Almeh* verhaftet und ins Gefängnis gebracht worden war. »Wegen Beziehungen zu einem Christen« war sie ausgepeitscht und dann nilaufwärts zu den anderen Tänzerinnen deportiert worden.

Mehr Glück als Didier hatte der englische Maler James Augustus St John. Ihn unterhielt 1845 in einem kleinen Dorf in der Nähe von Kairo eine Gruppe junger Mädchen zwischen 10 und 16 Jahren in einem Kaffeehaus. Die Mädchen verbrachten dort meistens ihre Zeit mit Trinken, Singen und »bei jener Art pikanter Konversation, die dann ihr Beruf wird ... Kaffee schien bei ihnen dieselbe Aufregung und launenhafte Fröhlichkeit auszulösen, wie es Champagner und Burgunder manchmal bei Europäerinnen tun«.

In Kairo wurde St John Zeuge einer anderen Vorstellung, diesmal im Haus eines reichen Armeniers, das in Sichtweite der Pyramiden lag:

Plötzlich intonierten die Musiker, die uns bis dahin nur mit Phantasien verschiedener Art und arabischen Melodien erfreut hatten, Tanzrhythmen: Die Tür wurde geöffnet, und zwei arabische Tänzerinnen traten ein. Es waren junge Frauen zwischen 16 und 30, groß und bewundernswert proportioniert.

Der Ausdruck ihrer nicht allzu dunklen Gesichter war vornehm; ihre fein geschwungenen Augenbrauen, die sich anmutig über den funkelnden Augen wölbten, und ihre zarten Münder waren voller Liebreiz und Zauber.
Ihre Augen sprühten Feuer; ihre Brüste hoben und senkten sich, ihre Körper nahmen die verschiedensten Haltungen und Biegungen ein. Sie wanden sich schlangenartig umeinander, mit einer Geschmeidigkeit und Anmut, wie ich sie noch nie gesehen hatte. Ließen sie in einem Moment ihre Arme fallen und ihre ganze Gestalt wie in äußerster Erschöpfung scheinbar zusammenbrechen, so sah man im nächsten, wie ein neuer Gedanke in ihnen aufstieg und sie ihn in leidenschaftlichen Gesten auszudrücken suchten. Die Musik spielte die ganze Zeit, und gerade ihre Einfachheit erschien wie der fahle Hintergrund eines Bildes, auf dem sich die leuchtenden Figuren der Mädchen um so stärker abhoben.
Nach einer Pause begann der zweite Tanz. Eine der Ghawazee *nahm ein kleines, mit Rosenwasser gefülltes Glas zwischen die Zähne und hielt es dort, ohne einen Tropfen zu verschütten, während sie schnellste und schwierigste Bewegungen ausführte. Sie wiederholte fast den gesamten vorausgegangenen Tanz. Das Rosenwasser nicht zu verschütten erforderte zweifellos mehr als nur ein bißchen Geschicklichkeit. Zum Schluß trat sie an einen der männlichen Zuschauer heran, lehnte sich, während sie ihn mit beiden Armen umfing, nach hinten, ohne ihre wilden Bewegungen zu unterbrechen; schließlich beugte sie sich nach vorn und goß das Rosenwasser langsam über seine Kleidung, ließ das Glas fallen, küßte seine Lippen und sprang zurück in die Mitte des Raumes.*[29]

Viele Beschreibungen des arabischen Tanzes aus den 60er und 70er Jahren des vorigen Jahrhunderts belegen, daß der weibliche Solotanz *Baladi* am populärsten war. Mal war er mit Pantomime verbunden, mal mit akrobatischen Kunststückchen, etwa dem Balancieren von gefüllten Tassen oder Schwertern auf dem Kopf, wie es ein Gemälde von Leon Gérome zeigt. Verschiedene Schriftsteller haben beschrieben, wie unabhängig dabei die einzelnen Teile des Körpers erschienen, jeder einer gesonderten Kontrolle unterworfen, wobei der obere Teil des Rumpfes im allgemeinen bewegungslos und das Gesicht teilnahmslos und ernst blieben, während die Hüften lebhafte, immer schneller werdende Bewegungen beschrieben. Ein Beobachter verglich die Eigenheiten des arabischen Tanzes mit denen des euro-

Prisse d'Avennes. *Ghawazee.* 1848. Farblithographie. Victoria & Albert Museum, London.

päischen und bemerkte dazu: »Der Oberkörper der *Almeh* tanzt ein feierliches Menuett, der Rest der Person die wildeste Quadrille.«[30]

Leland schrieb über die *Ghawazee:*

Sie alle scheinen über die Fähigkeit zu verfügen, jeden Teil des Körpers unabhängig zu bewegen, so, wie manche Leute mit den Ohren wackeln können. Es ist wundervoll, wie sie jeden einzelnen Muskel über Stunden hinweg auf das heftigste und schnellste spielen lassen, wobei sie von Kopf bis Fuß zittern, als ob sie unter Strom stünden. Und dennoch ermüden sie nicht im geringsten und schwitzen unglaublicherweise nicht einmal.[31]

Häufig wurde die Pracht ihrer Kleider gerühmt. Der englische Historiker E. W. Lane berichtet, daß sie in der Öffentlichkeit die gleichen Gewänder anhatten, wie sie die Frauen der ägyptischen Mittelklasse in der Abgeschlossenheit des Harems trugen.[32]

D'Avennes Porträt zweier *Ghawazee,* die auf einer Straße in Kairo auftreten, gibt uns eine Vorstellung von ihrer Kleidung. Wie man sieht, trugen sie im allgemeinen Unterwäsche aus durchsichtigem Musselin mit langen Ärmeln, die auf die Ellbogen zurückfielen, wenn sie die Hände beim Tanz erhoben, und so den Blick auf die vielen Gold- und Silberarmreifen freigaben. Über diesem Hemd trugen sie entweder eine lange Jacke oder eine Seidenweste im Bolero-Stil, in jedem Falle aber enganliegend, um die Körperformen zu betonen. Die lockeren, am Knöchel zusammengebundenen, türkischen Pumphosen wurden tief auf den Hüften getragen.

In D'Avennes Porträt trägt die *Ghaziya* zur Rechten Beinkleider aus einem gemusterten Stoff, vermutlich importierte, englische Baumwolle. Auch Tigerstreifen waren populär. Ein oder mehrere um die Hüften geschlungene Schals dienten dazu, die Beckenbewegungen beim Tanz zu unterstreichen. Manche Tänzerinnen banden sich auch ein grelles Seidentuch (Rot war die beliebteste Farbe) eng um die Hüften oder auch einen Gürtel, von dem Silberamulette herunterbaumelten.

Der vorherrschende Gesamteindruck war der vieler Farbschichten mit einer Menge von Silber und Gold als Krönung. Leland beschreibt als Kleidung der *Ghawazee:*

Von Kopf bis Fuß schwarze Kleidung mit silbernen Streifen. Die Haarbänder waren hübsch gearbeitet und endeten in vielen Silberbällchen. In Assiût sah ich einige Ghawazee, *deren einziger Schmuck in einer unglaublichen Menge von Goldmünzen jeder Größe bestand.*[33]

Andere *Ghawazee* trugen nur eine einzige Perlenkette im Haar. Der Franzose Charles Blanc stellte um 1870 eine allgemeine Vorliebe für Korallen und Bernstein fest.

So, wie die Frauen Europas gerne durch das Rauschen ihrer Seidenröcke auf sich aufmerksam machen, hören die ägyptischen Frauen offenbar gern das Klingen des Schmucks, den sie an den Ohren, Armen, um den Hals, ja sogar um die Beine kurz über dem Knöchel tragen. Diese Mode muß schon sehr lange bestehen, denn bereits im Koran findet sich eine Stelle, die solche Zurschaustellung verurteilt: ›Wenn Frauen gehen, sollen sie sich jeden Geräusches enthalten und mit ihrem Schmuck nicht die Aufmerksamkeit auf sich ziehen, sondern ihn verbergen.‹[34]

Die *Ghawazee* trugen eine samtene Scheitelkappe und flochten ihr Haar auf phantasievollste Weise. So woben sie schwarze Seidenbänder in goldene Spangen. Eine Beschreibung von Reverend E. Neil zeigt, wie kompliziert die Frisuren sein konnten. Am Ende jedes Bandes hing eine schillernde Goldperle und darunter ein Ring mit Goldmünzen. Reiche Frauen trugen zu Hause bis zu 900 Schmuckstücke aus Gold in ihr Haar eingeflochten. Diese Bänder mit Goldspangen waren unten mit Quasten aus Perlen und Smaragden versehen. Seine Beschreibung beschließt Neil eher streng:

Die zahllosen Goldspangen verstecken das Haar fast vollständig und glitzern und klingeln bei jeder Bewegung des Kopfes. Schwerlich kann man sich eine eitlere und künstlichere Art weiblichen Putzes vorstellen.[35]

Um die Augen bemalten sich die Frauen mit Kohle, wobei sie das Unterlid durch eine dünne Linie hervorhoben. Die Hände und Füße wurden mit Henna gefärbt.

In Gérômes »Tanz der Almeh« sind die Brüste der Tänzerin unter dem Musselinhemd zu sehen. James Augustus St John bemerkte, daß bei privaten Auftritten vor ausländischen Männern, bei denen die Tänzerinnen üblicherweise nur Hemd, Pumphosen und Schmuck trugen, manchmal rote »Brustwarzenhütchen« benutzt wurden. Gelegentlich mußten sie auch nackt vor diesem Publikum auftreten. Sie taten das nicht gerne und reagierten auf solche Bitten mit Verachtung. Bei solchen Aufführungen wurden den Musi-

Türkische Jungen imitieren den Tanz der Frauen. 18. Jahrhundert. Miniatur. Topkapi-Palast-Museum, Istanbul.

kern die Augen verbunden und die arabischen Männer des Saales verwiesen.

Lucie Duff Gordon hielt ein Gespräch mit dem englischen Konsul in Kairo fest, der sie zum Abendessen zu sich eingeladen hatte:

Seyyid Achmet hätte für mich eine Fantasia veranstaltet, aber er fürchtete, daß ich Männer mitbringen könnte. Er hatte sich sehr über zwei Engländer geärgert, die die Mädchen nackt tanzen sehen wollten. Da diese das ablehnten, hatte er sie aus dem Hause weisen müssen, nachdem er sie zuvor gastfreundlich unterhalten hatte.[36]

Es muß jedoch festgestellt werden, daß es nicht nur Männer waren, die von den Tänzerinnen verlangten, nackt für sie aufzutreten. Spärlich bekleidete Tänzerinnen waren aber die Ausnahme (in jedem Fall bei denen, die in der Öffentlichkeit auftraten.) Sogar Lane, der die *Ghawazee* als »Kriegerinnen gegen die Sittsamkeit« bezeichnet hat, stellte sie, was ihre Kleidung anging, in eine Reihe mit den feinsten Frauen Ägyptens.

Um 1830 veröffentlichte Lane seine ausführliche Studie über das Leben in Ägypten, »Bericht über die Sitten und Gebräuche der modernen Ägypter«. Das Buch war das Ergebnis ausgiebiger Studien, deckte jeden Aspekt des Themas ab und galt bald als der erschöpfendste Beitrag über das muslimische Leben. Bei Lane findet sich, daß die *Ghawazee* über ein Zehntel aller Steuern, die in Kairo bezahlt wurden, aufbrachten, solange sie noch in der Stadt lebten, und daß nach ihrer Verbannung nach Oberägypten die Bürger Kairos Steuererhöhungen hinnehmen mußten.

Eine weitere Folge dieser Verbannung war, daß immer mehr Jungen als Tänzer auftraten. Viele dieser *Khawals* kamen ursprünglich aus Konstantinopel, wo man sie – wegen Erregung öffentlichen Ärgernisses in den Kaffeehäusern – verboten hatte. Es war bekannt, daß Leute aus dem Publikum Gläser schmissen, mit Schwertern herumfuchtelten und sich sogar beim Streit um die jeweiligen Qualitäten der *Khawals* prügelten.

Die *Khawals* verkleideten sich als Frauen, ahmten den weiblichen Tanz nach und führten ihn wollüstiger auf als die *Ghawazee*. Manchmal wurden sie von den Europäern auch für Frauen gehalten:

Die tanzenden Mädchen erschienen in einer Wolke von Staub und Tabakrauch. Was mir an ihnen als erstes auffiel, waren die strahlenden goldenen Kappen auf ihren

Haarbändern. Sie schlugen ihre Fersen auf den Boden, und ihre erhobenen Arme erzitterten harmonisch mit dem Klang der kleinen Glöckchen und Fußreifen; ihre Hüften wiegten sich in wollüstigen Bewegungen; die nackten Formen zeichneten sich unter dem Musselin ab, zwischen dem kleinen Jäckchen und dem tiefsitzenden, losen Gürtel, der einem Venusgürtel glich. Sie wirbelten so schnell herum, daß es schwer war, die Gesichtszüge dieser verführerischen Geschöpfe zu erkennen. Ihre Finger schüttelten kleine Zimbeln in der Größe von Kastagnetten, und dazu gestikulierten sie wild zu den einfachen Klängen der Flöte und des Tamburins. Zwei von ihnen erschienen mir besonders schön; sie waren von stolzer Gestalt: ihre arabischen Augen hatten sie mit Kohle betont, ihre vollen, doch feinen Wangen leicht geschminkt. Die dritte aber verriet, wie ich zugeben muß, ihr weniger schönes Geschlecht durch einen Wochenbart. Als ich mir daraufhin die Sache etwas genauer ansah und – nachdem der Tanz zu Ende war – auch die Züge der beiden anderen deutlicher ausmachen konnte, entdeckte ich bald, daß die tanzenden Mädchen in Wirklichkeit sämtlich männlichen Geschlechts waren.[37]

1866 wurde die Verbannung der *Ghawazee* aufgehoben, und sie durften nach Kairo zurückkehren.

Eine kürzlich erschienene Arbeit über das Bild, das sich von den Frauen des Mittleren Ostens bei den Orientalisten des 19. Jahrhunderts findet, zitiert durchgängig negative Beurteilungen des arabischen Tanzes. Der Autor führt Schriftstellerinnen an, die ihn »abscheulich«, »eklig« und »obszön« fanden, erwähnt aber keinen einzigen Bericht, der den Tanz lobt – weder von einer Frau noch von einem Mann. Auch Lucie Duff Gordon fand den Tanz zunächst langweilig und uninteressant und sah in ihm nicht mehr als gymnastische Kunststückchen. Aber dann:

Der Kapitän forderte Latifen, eine häßliche, plump aussehende Person auf, ihr Können zu zeigen. Es war wie eine Offenbarung für mich. Das häßliche Mädchen richtete sich auf und wurde zur »Schlange des Nils«. Kopf, Schultern und Arme beugten sich leicht nach vorn, der Bauch zog sich zurück, und die Schenkel senkten sich auf die abgewinkelten Knie – die Position einer Kobra vor der Attacke. Es war so wenig obszön wie etwa Racines Phädra. *Es war Venus* toute entière à sa proie attachée *und erschien mir tragisch. Es ist weitaus realistischer als der Fandango und zugleich weit weniger kokett, denn was da dargestellt wird, ist* au grand sérieux, *keine Travestie, nicht* gazé *oder ein*

Spiel; und wie bei all diesen Dingen halten es die arabischen Männer in keiner Weise für anstößig.[38]

Im Gegensatz dazu, so erzählt uns Lucie Duff Gordon, waren zwei ihrer ägyptischen Schiffsleute in Paris »furchtbar schockiert« über die Art, wie französische Frauen tanzten.

In einer ähnlichen Bemerkung verglich Leland, der den Tanz als einen »Zauber jenseits der Schönheit« beschrieben hat, die *Ghaziya* mit der europäischen Ballerina.

Manchmal tanzen zwei Mädchen ein Duo; und ihre Erotik entspricht dem, was wir auch in europäischen Opernhäusern zu sehen bekommen – allerdings ohne jene falsche Sentimentalität, mit der die Ballerina sich rückwärts in die Arme des männlichen Wesens sinken läßt, ihn mit schmachtendem Blick anlächelt und gleichzeitig ihr Bein zur Galerie hebt.[39]

Viele der großen Tänze der Welt haben ein erotisches Element. Doch obwohl die Erotik nur ein Aspekt des arabischen Tanzes ist, beherrscht sie unglücklicherweise fast jede Diskussion über dieses Thema. Die englischen Reisenden des 19. Jahrhunderts kamen aus einem Land, in dem das Pendel von den aufrührerischen Zoten der georgianischen Zeiten zu den verdeckten sexuellen Obsessionen unter der viktorianischen Herrschaft ausgeschlagen war. Umgetrieben von dem, was in ihrem eigenen Lande verboten war (wenn auch durchaus verfügbar), sahen viele Beobachter im arabischen Tanz nur die aufreizende Erotik.

Die meisten Berichte aus dieser Zeit beschreiben anonyme Tänzerinnen. Eine der wenigen *Ghawazee*, deren Namen wir kennen und eine der bekanntesten ihrer Zeit, war Safiya, die sich Kutchuk Hanem nannte (türkisch für »kleine Prinzessin«). Kutchuk Hanem war eine der wenigen, der es dank eines mächtigen Beschützers gelungen war, der Verbannung aus Kairo zu entgehen. Sie war eine Zeitlang die Lieblingstänzerin von Muhammed Alis Enkel Abbas Pascha gewesen, der seine Verbindung zu ihr keineswegs geheimhielt:

Eines Tages, als Abbas Pascha offen mit seiner Geliebten vor deren Haus saß und rauchte, kam ein junger Mann vorbei, der auf ihn eifersüchtig war, und stieß – sicherlich nicht aus Versehen – die Wasserpfeife seines berühmten Rivalen um. Dieser Vorfall war ein großer Skandal in Kairo, über den bis heute geredet wird.[40]

Kutchuk Hanem war dumm genug, sich dabei erwischen zu lassen, wie sie Schmuck, den sie von Abbas Pascha geschenkt bekommen hatte, an einen Händler im Basar verkaufte. Als ihr Beschützer das erfuhr, peitschte er sie höchstpersönlich aus und schickte sie nilaufwärts nach Esna. Dort fand sie in den 50er Jahren des 19. Jahrhunderts der amerikanische Journalist G. W. Curtis. Er beschrieb sie als »keine Knospe mehr, aber eine Blume, die noch nicht voll erblüht ist«. Sie war damals Anfang zwanzig, mit »roten fleischigen Lippen . . . träge, nachlässig, selbstbeherrscht«. Curtis' Bericht über seinen Besuch bei Kutchuk Hanem ist die ausführlichste Beschreibung, die wir von ihrem Tanz haben:

Die Klangwellen wogten durch den Raum und brachen sich in regelmäßigen Abständen an ihrer Bewegungslosigkeit, bis plötzlich die ganze Oberfläche ihres Körpers im Rhythmus der Musik erschauerte. Kastagnetten schlagend erhoben sich ihre Hände, und sie drehte sich langsam um sich selbst, wobei ihr rechtes Bein die Achse bildete. Als sie die Drehung auf der Stelle, wo sie stand, beendet hatte, glitt sie langsam vorwärts, und alle ihre Muskeln bewegten sich zur Musik in festen, kräftigen Zuckungen.

Es war eine merkwürdige, wundervolle Übung, kein anmutiger Tanz, sondern der reine Tanz, das Tanzen an sich. Sie näherte sich mit hohen Beinwürfen wie eine Zigeunerin. Doch der Rest war höchst wollüstige Bewegung – nicht jenes einschmeichelnde Locken träger Leidenschaft, sondern die Tiefe der Leidenschaft, die hervorbricht und in jeder Faser des Körpers zittert. Es war die Absolutheit der Bewegung, konzentriert und konstant . . . Plötzlich knickte Kutchuk zusammen und fiel – immer noch zuckend – auf die Knie, wand – weiter die Kastagnetten schlagend – Körper, Arme und Kopf rhythmisch auf dem Boden und erhob sich dann auf dieselbe Weise . . . Ruhig zog sie sich in sich zurück, bis der immer tiefer rutschende Schal gerade noch auf ihren Hüften zu sitzen schien. Schließlich ließ sie sich in kreisenden Bewegungen nieder. Nach der Intensität ihres Tanzes war sie nun wieder von marmorner Kälte.[41]

War Kutchuk Hanem die beste Tänzerin oder einfach die bekannteste? Andere *Ghawazee* kritisierte sie nur zu bereitwillig. Maxime Du Camp, der den französischen Romancier Gustave Flaubert in den späten 40er Jahren nach Ägypten begleitete, traf eine der Kritikerinnen Kutchuk Hanems, eine nubische Tänzerin namens Aziza. Eines Tages, als er beim Mittagessen in

Assuan saß und frische Feigen und Datteln verspeiste, kam sie auf ihn zu und stellte sich vor:

Sie küßte respektvoll meine Hand und sagte: »Ich bin Tänzerin; mein Körper ist geschmeidiger als der einer Schlange; wenn Sie wollen, komme ich mit meinen Musikern und tanze barfuß auf Ihrem Bootsdeck.«
»Der Cawadja hat Kutchuk Hanem in Esna gesehen«, anwortete ihr Joseph (der Diener Du Camps).
»Kutchuk Hanem weiß nicht, wie man tanzt«, antwortete sie. Ich sagte Joseph, daß wir die Einladung annehmen würden. Gegen Abend, als der Sonnenuntergang die Hitze gemildert hatte und sich Schatten auf das Ufer legten, kam die Tänzerin mit ihren Musikern der Rebec *und* Darabukeh ... *Ihr Tanz ist wild und läß einen unwillkürlich an die Neger Zentralafrikas denken. Manchmal stieß sie einen schrillen Schrei aus, als ob sie den Eifer ihrer Musiker anstacheln wollte. Die lauten Kastagnetten zwischen ihren Fingern klapperten und klackten ununterbrochen ... Sie streckte ihre langen, schwarz schimmernden Arme aus und schüttelte sie mit einem unmerklichen Zittern von der Schulter bis zum Handgelenk, wobei sie sie mit weichen, schnellen Bewegungen ausbreitete wie ein schwebender Adler seine Schwingen. Manchmal beugte sie sich ganz weit nach hinten und stütze sich dabei mit den Händen ab, eine Position wie die der tanzenden Salome über dem linken Portal der Kathedrale von Rouen.*
»Cawadja, *was denken Sie jetzt von Kutchuk Hanem?« rief sie.*[42]

Flaubert empfand die Art, wie Aziza ihren Kopf auf dem Hals von einer Seite zur anderen dehnte, erschrekkend. Sie sah aus, als würde sie gleich geköpft. Er gab zu, daß sie die gewandteste Tänzerin war, die er je gesehen hatte, und dennoch: den bleibendsten Eindruck hinterließ Kutchuk Hanem bei ihm.

Flaubert besuchte Kutchuk Hanem zweimal auf seinen Reisen. Seine peinlich genauen Reisenotizen verzeichnen jedes Detail ihrer Erscheinung, von den blauen Troddeln auf ihrem *Tarbusch,* die sich wie ein Fächer über ihre Schultern ausbreiteten, bis zu einem ihrer Zähne, der schlecht zu werden begann. Er beobachtete sie im Schlaf, wie sie unwillkürlich ihre Hände und Schenkel zusammenzog, und er zählte die Wanzen an der Wand. Diese Wanzen »hatten die allerzauberhafteste Wirkung. Ihr Übelkeit erregender Geruch mischte sich mit dem Duft ihrer Haut, von der Sandelholzöl tropfte.«

Seite 71:
Edouard Richter: *Die Solistin.* 19. Jahrhundert. Ölgemälde. Mathaf Galerie, London.

C. Richter 1883

Seite 72/73:
Achille Boschi. *Der Tellertanz.* 19. Jahrhundert. Ölgemälde. Mathaf Galerie, London.

Kutchuk schickte die Bootsleute weg, verband die Augen ihrer Musiker und tanzte für Flaubert »Die Biene«. Dem Diener Joseph zufolge war »Die Biene« ein vergessener Tanz, ein Mythos, von dem nur noch der Name bekannt war. Er behauptete, diesen Tanz einmal von einem Mann gesehen zu haben in einer Version, die besser gewesen sei als die von Kutchuk Hanem.

Mit schrillen Schreien, die anzeigten, daß eine Biene irgendwie in ihre Kleidung gelangt war und sie stach, tanzte Kutchuk und streifte dabei ein Kleidungsstück nach dem anderen ab, bis sie völlig entkleidet mitten auf dem Teppich stand. Hinterher erzählte sie Flaubert, daß sie diesen Tanz nicht gern aufführe. Wie den anderen *Ghawazee* gefiel es also auch ihr nicht, nackt vor Fremden aufzutreten.

Über die Art ihres Zaubers können wir nur spekulieren. Offensichtlich aber strahlte sie etwas ganz Besonderes aus.

Flauberts Treffen mit Kutchuk Hanem waren angefüllt mit einer Melancholie, die er bewußt kultivierte, um den bitter-süßen Geschmack des Zusammentreffens mit einer Kurtisane voll auszukosten. Schnarchend schlief sie, ihren Kopf an seinen Arm gelehnt; eine antike Lampe brannte an der Wand neben ihnen; kurz vor Morgengrauen weckte sie die Kälte, und sie kroch für eine Stunde an die Feuerstelle, um sich zu wärmen, bevor sie ins Bett zurückkehrte und wieder einschlief:

Wie würde es Deinem Stolze schmeicheln, wenn Du im Augenblick des Auseinandergehens sicher wärest, daß Du eine Erinnerung zurückläßt; daß sie an Dich mehr als an die anderen denkt, die hier gewesen sind; daß Du in ihrem Herzen bliebest.[43]

Bei seinem zweiten Besuch in Esna ließ Flaubert Kutchuk Hanem wiederum zu sich kommen. Er bemerkte, daß sie müde aussah, als sei sie krank gewesen, und daß sie dieses Mal nichts von ihren wertvollen Sachen trug (aus Angst vor Dieben ließ sie ihren Schmuck und ihr Geld von der Polizei aufbewahren). Er wußte, daß dies ihr letztes Zusammentreffen sein würde, und befragte sie deshalb lange und eingehend, auch nach ihren Erinnerungen.

Die Aufzeichnungen seiner Treffen mit Kutchuk Hanem benutzte Flaubert für eine Beschreibung der tanzenden Salome in der Erzählung »Herodias«. In

»Die Versuchung des Heiligen Antonius« taucht die Erinnerung an Kutchuk Hanem auf, wenn die Königin von Saaba den Heiligen versucht, indem sie ihm anbietet, »Die Biene« für ihn zu tanzen.

Flauberts Geliebte, die Dichterin und Schriftstellerin Louise Colet, war schockiert, als sie in seinen Reisenotizen über Kutchuk Hanem las. Bei einem Ägyptenbesuch 1864 vermied sie bewußt, nach Esna zu reisen, holte aber Erkundigungen über die Tänzerin ein. Mit einigem Triumph schrieb sie, daß es für Flaubert aufschlußreich wäre, wenn er Kutchuk Hanem jetzt sehen könnte. »Sie lebt noch – eine lebende Mumie.«

Flaubert war jedoch immun gegen dieses Bild der Tänzerin, um die er bereits seinen Mythos gewoben hatte, den Mythos der tragischen Kurtisane. Es war eine populäre Figur der romantischen Literatur und entsprach der Faszination, die Flaubert eingestandenermaßen für Prostituierte empfand. Die Erinnerung an Kutchuk Hanem verfolgte ihn lange Zeit. Das zeigt ein Brief an einen Freund, in dem er bekannte, er empfinde ein melancholisches Bedürfnis, wieder den Nil hinaufzufahren und sie wiederzusehen:

»Dort habe ich eine Nacht verbracht, wie man sie nur selten in einem Leben erlebt, und ich habe sie bis zum äußersten ausgekostet.«

An Louise Colet schrieb er, sie brauche nicht eifersüchtig auf die Erinnerung an die Tänzerin zu sein; denn wieviel sie beide auch an Kutchuk Hanem gedacht haben mögen, die würde ihnen dieses Kompliment gewiß nicht zurückgeben. Für Kutchuk Hanem sei er, so schrieb er, nur irgendein Ausländer mit Geld gewesen.

Die Muse des Künstlers

... eine Erdhütte, kaum hoch genug, daß eine Frau aufrecht darin stehen konnte, in einem Viertel vor der Stadt, das fast nur aus Ruinen bestand. In der Stille diese Tänzerinnen in Rot und Gold.

Gustave Flaubert

In der ersten Hälfte des 19. Jahrhunderts war Paris das Zentrum des Orientalismus. Einige Jahre vor der Geburt des Impressionismus beschrieb Hector de Callias, was die Kunst der europäischen Orient-Leidenschaft verdankte:

Diese Leidenschaft hat (der französischen Malerei) gegeben, was bisher gefehlt hat: Licht und Sonne. Was fehlt denn wirklich in der französischen Galerie im Louvre? Weder der Zeichenstil noch das Wissen um Komposition, noch die Harmonie der Farben. Was fehlt, sind die Sonnenstrahlen.[44]

Indem sie den Orient erforschten, konnten sich die Künstler von den Regeln des Klassizismus befreien, der sie in ihren eigenen Ländern einschränkte.

Die orientalistische Malerei ist voll glühendem Enthusiasmus für den Osten, denn er lieferte ihr ein Füllhorn neuer Themen, die die Phantasie in jeder Hinsicht anregten. Die technischen Probleme, wie etwa, das gleißende, weiße Licht der Wüstenlandschaften in Farbe umzusetzen, und Einblick in dessen Eigenheiten – das waren die wichtigsten Herausforderungen für die orientalistischen Maler. Der französische Maler Paul Lenoir, der Gérôme in den Mittleren Osten begleitete, empfand den Beginn ihrer Reise wie »das Sich-Heben des Vorhangs. Illusion, nicht Realität«, so schrieb er, »stünde auf dem Programm; es sollte in eine Theaterwelt gehen«.

Auf der Flucht vor der düsteren Enge und der drekkigen Luft des gerade industrialisierten Europa fanden die Künstler im Mittleren Osten eine Welt voller Zauber. Es war eine Welt, in der die Vergangenheit noch als wertvoll angesehen wurde und die Tradition noch nicht im Namen des Fortschritts brutal unterdrückt worden war. Viele Künstler bewunderten die Begabung, mit der die Araber Oasen der Schönheit und der sinnlichen Entspannung inmitten einer ungastlichen

Seite 76:
Gustavo Simoni. *Die Vorführung.* Spätes 19. Jahrhundert. Ölgemälde. Mathaf Galerie, London.

Seite 78/79:
Otto Pilny. *Tanz beim Sonnenuntergang*. Ölgemälde. Sotheby's, London.

Umgebung geschaffen hatten. Die Trägheit des Lebens in der harten Hitze des Orients war ein Thema, das die Maler vor allem in Motiven, die mit Frauen zu tun hatten, erforschten. Dabei muß daran erinnert werden, daß die einzigen Frauen, die als Modelle zur Verfügung standen, die einzigen, mit denen die Künstler Kontakt haben konnten, Tänzerinnen und Prostituierte waren. Die Schwierigkeit, Modelle zu finden, ergab sich aus dem islamischen Bilderverbot wie auch aus der Tatsache, daß es den Frauen nicht erlaubt war, sich Fremden zu zeigen. Diese Schwierigkeit wurde dadurch überwunden, daß man jüdische oder andere nichtmuslimische Frauen engagierte. Die meisten Frauen im Mittleren Osten blieben ohne Gesicht, in der Öffentlichkeit durch Schleier verhüllt und zu Hause hinter verzierten, hölzernen *Mashrabiyas* verborgen, dessen filigranes Schnitzwerk das Innere eines Hauses vor neugierigen Augen schützte.

Es ist nicht erstaunlich, daß die Aura des Geheimnisvollen, das die Frauen umgab, die Künstler beschäftigte und daß sie dann die schwüle Sinnlichkeit derer betonten, mit denen sie in Kontakt kamen. Schließlich verdienten die Frauen gerade durch den Ausdruck dieser Sinnlichkeit ihren Lebensunterhalt. In den Augen vieler Reisender standen die Frauen für jene Lüsternheit, die man dem Orient zuschrieb. In der Tat sollte – obwohl man sich durchaus auch für andere Aspekte der arabischen Kultur interessierte – das Leben der Frauen zum beliebtesten Gegenstand der orientalistischen Malerei werden.

Viele Kritiker des Orientalismus glauben, daß sich der Westen ein falsches Bild der arabischen Frauen erfand, um damit seine eigenen, individuellen Phantasien zu befriedigen. Der Mythos der geheimnisvollen, verschleierten Frau des Orients hätte jedoch nicht geschaffen werden können, wenn nicht die Frauen für ihre eigenen Männer eine symbolische Bedeutung gehabt hätten. Daß man sie im Harem und hinter verhüllenden Schleiern verbarg und sie damit vom öffentlichen Leben ausschloß, weist darauf hin, wie groß dieser symbolische Wert war und heute noch ist.

Das Wort »Harem« geht auf die semitische Wurzel *hrm* zurück, die soviel wie Verbot oder Ausschluß bedeutet. Es ist möglich, daß der Harem als Resultat der Ansiedlung in Städten entstand, als Schutzmaßnahme für die Frauen vor Fremden. Zu welcher Zeit er erstmals eingerichtet wurde, wissen wir nicht genau. In der arabischen Poesie gibt es jedoch Hinweise auf seine Existenz bereits zur Zeit des ersten Kalifats, das dem Tod des Propheten Mohammed im Jahr 632 folgte.

Der Islam hat vieles aus den beiden männlich dominierten Religionen, die ihm im Mittleren Osten vorausgingen, übernommen. Wir haben gesehen, daß für beide Religionen tiefes Mißtrauen und Angst vor Frauen kennzeichnend war, Angst vor ihrer gefährlichen Sexualität oder was man dafür hielt. Es hat in der arabischen Welt nie eine wirkliche Versöhnung mit dem Femininen gegeben. Frauen werden dort als potentiell zerstörerische Kraft angesehen, wobei man unterstellt, daß Männer ihrer Macht der Verführung nicht widerstehen können. Das arabische Wort für »Chaos«, *Fitna,* wird auch zur Bezeichnung einer schönen Frau benutzt: Es deckt die ganze Bedeutung der *femme fatale* ab.[45]

Auf drei Wegen versuchte man, das Problem jener von den Muslimen in der Frau vermuteten zerstörerischen, sexuellen Kraft zu beherrschen: ihr als ihren Bereich das Innere des Hauses zuzuweisen; ihren Aufenthalt auf den Harem zu beschränken, wo die Kinder aufgezogen und die täglichen Angelegenheiten des Haushalts erledigt werden; und ihnen den Schleier zu verordnen.

Der Islam hatte seinen größten Einfluß in städtischen Siedlungen. In kleinen Dörfern und bei den nomadischen Beduinen mußte er frühere Traditionen mit aufnehmen, die aus praktischen Zwängen des Wüstenlebens entstanden waren. Ein neuer Glaube, der keine Lösungen für das Überleben in der Wüste anbietet, wird dort wenig Eindruck machen. Bei den Beduinenfrauen behindert der Schleier die praktische Alltagsarbeit, und darum werden keine Schleier getragen; oft sind es die Männer, die ihr Gesicht bedecken, um sich in der Wüste vor Wind und Sand zu schützen.

Die orientalistischen Maler sahen im Schleier die perfekte Metapher für das Unbekannte. Für sie symbolisierte er die verborgene und verlockende Natur der orientalischen Frau. Nach dem Urteil Renoirs kannten die arabischen Frauen sehr wohl den Wert des Verbergens und des Verschleierns und entwickelten hierin große Kunstfertigkeit; ein nur vage durch den Schleier zu erkennendes Auge war besonders verlockend. Das Bild, das man in Europa vom Orient hatte, wurde auch durch das Werk von Ingres beeinflußt, der allerdings nie in den Orient gereist war. Sein Wissen war aus den

Frederick Arthur Bridgman. *Ruhepause des Musikers zwischen den Auftritten.* 19. Jahrhundert. Ölgemälde. Privatbesitz.

Erfahrungen anderer gefiltert oder stammte aus der Literatur, wie etwa den Reisebriefen der Lady Mary Wortley Montagu, die 1717 mehrere Monate in Konstantinopel verbracht hatte. Ingres' »Türkisches Bad« etwa wurde von Lady Marys Beschreibung eines *Hammam* (öffentliches Badehaus) in Adrianopel inspiriert, das sie »das Kaffeehaus der Frauen« nannte. Hier wurde der neueste Klatsch erzählt, und die Frauen verbrachten den Tag damit, auf fein geknüpften Teppichen zu liegen, zu essen, zu trinken, zu sticken und sich dabei das Haar von Sklavinnen zu Zöpfen flechten zu lassen. Manchmal wurde eine Gruppe von Tänzerinnen und Musikerinnen in das Bad gebracht, um das allgemeine Vergnügen noch zu heben:

Nichts konnte kunstvoller und angemessener sein, um auf bestimmte Ideen zu kommen. Welch sanfte Töne! Welch schmachtende Bewegungen! Begleitet von Pausen und ersterbenden Augen; hinsinkend und dann sich wieder aufrichtend in einer so kunstvollen Weise, daß – dessen bin ich sicher – auch die kälteste, strengste und prüdeste Frau der Welt die Tänzerin nicht hätte ansehen können, ohne an das Unaussprechliche zu denken.[46]

Ingres las die Briefe der Lady Mary, als er an seinem »Türkischen Bad« arbeitete. Es ist eine höchst unwahrscheinliche Szene, die er da heraufbeschwört, unzählige fleischige Frauen lagen so dicht zusammengedrängt, daß der Eindruck entsteht, die Körper seien aufeinandergestapelt. Trotz Lady Marys Kommentar, daß sie keinen einzigen lüsternen oder unsittlichen Blick bei den Frauen bemerkt habe, nehmen einige der Badenden bei Ingres höchst zweideutige Posen ein.

Natürlich sahen männliche Maler weder einen Harem noch ein *Hammam* je von innen. Sie mußten sich auf die Berichte von Frauen und auf ihre eigene Phantasie verlassen, wenn sie solche Interieurs schufen, und meist überwog dabei die Phantasie. Als die englische Reisende Julia Pardoe 1839 einen türkischen *Hammam* besuchte, bemerkte sie, daß die Frauen nicht nackt waren, sondern feine, mit Dampf gestärkte Gewänder aus Batist trugen. Ihre schwarzen Sklavinnen waren dagegen von der Hüfte aufwärts nackt.

Es heißt zwar, daß die orientalistischen Bilder von Frauen im Bade für den Markt gemalt wurden, um das Interesse an Erotik und Nacktheit zu befriedigen, aber das »Türkische Bad« ist so übertrieben, so überladen mit Fleisch, daß es zu einer Parodie geworden ist. Im

Hintergrund, im Schatten kaum erkennbar, tanzt eine Frau auf den Zehenspitzen wie eine Ballerina.

Bei Bildern von Tänzerinnen stellen die Maler häufig den Tanz so dar, wie er in ihrem eigenen Land üblich ist. So hat die Tänzerin in Francesco Colemans »Vor der Vorstellung«, wie sie da mit den Händen in den Hüften auf den Auftritt wartet, nicht nur das Aussehen einer temperamentvollen, südländischen Signorina, sondern sie scheint auch im Begriff, sich in einen wilden Fandango zu stürzen. Weder ihr Gesicht noch der Ton ihrer Haut weisen auf den Orient hin, doch das ist in diesem Genre üblich.

Man hat vermutet, daß die Darstellung einer Frau mit der hellen Haut einer Europäerin »sie dem westlichen Schönheitsideal näherbringen sollte«. Hunderte von Jahren galt im Osten helle Haut als Zeichen der Schönheit, aus denselben Gründen wie im Westen: als

Rodriguez Etchart. *Privatvorstellung.* Mitte 19. Jahrhundert. Ölgemälde. Mathaf Galerie, London.

Ausdruck der sozialen Position. Eine Frau, die den ganzen Tag auf dem Feld arbeitete, hatte nicht die Zeit, ihr Gesicht vor Sonne und Wind zu schützen.

In der ottomanischen Türkei wurden die zirkassischen Frauen besonderer Schönheit gerühmt, vor allem wegen ihrer hellen Haut. Die meisten von ihnen, die auf den Sklavenmärkten Konstantinopels gekauft wurden, waren für den Harem des Sultans in Topkapi bestimmt. Gérome war einer jener Maler, die sich damit brüsteten, die Gesichtszüge von Türken, Zirkassiern und Ägyptern unterscheiden zu können. Wie andere Maler benutzte er Daguerreotypien, um eine Szene schnell festzuhalten. Sein »Tanz der Almeh« ist die meisterhafte Darstellung einer ägyptischen Frau, die eine Gruppe türkischer Söldner unterhält.

Das Bild ist auch eine genaue Darstellung des *Baladi:* Die Haltung der Tänzerin stimmt bis ins Detail, von der Position ihrer erhobenen Arme und der Art, wie sie die Zimbeln hält, bis zur Andeutung der goldenen Spange in ihrem Haar. Selbst der Winkel des zur Seite geneigten Kopfes stimmt. Sie sieht aus, als beschriebe sie mit ihrer erhobenen Hüfte einen Kreis, wobei sie das linke Bein als Achse benutzt, um die sie sich langsam dreht. Gérome hat die Erdverbundenheit des *Baladi* perfekt eingefangen. Das Schwerkraftzentrum liegt tief in den Hüften, was keineswegs alle Künstler bemerkt haben. Manche Tänzerinnen auf orientalistischen Gemälden sehen aus, als würden sie sogleich in den Weltraum abheben, weil das Zentrum ihrer Bewegung wie im westlichen Ballett weiter oben, im Solarplexus, liegt.

In Géromes Gemälde verleiht der Ernst und die Zurückhaltung der Soldaten der Szene etwas Düsteres. Ihre Gesichter sind gespannt und aufmerksam, nur der Afrikaner vergnügt sich aus vollem Herzen. In Gaston Saintpierres »Algerischer Hochzeit« reagiert das Publikum anders. Da unterhalten die Frauen sich gegenseitig im Hof des Hauses, und ihre Freude und Anteilnahme an der Aufführung ist offensichtlich. Sie schauen mit jener anerkennenden Konzentriertheit zu, die jeder, der bei so einem Fest einmal dabei war, sofort erkennen würde.

Manchmal sagen Frauen im Mittleren Osten, daß sie diejenigen sind, die den Tanz wirklich zu schätzen wüßten, und es stimmt, daß Männer und Frauen ihn aus unterschiedlichen Gründen genießen. Frauen erkennen sehr schnell eine gut ausgeführte oder schwie-

Seite 85: Gaston Saintpierre. *Hochzeitsfeier der Frauen in Algerien.* Um 1870. Ölgemälde. Privatbesitz.

J.L. GEROME

Etienne Dinet. *Mondscheintanz auf der Terrasse.* 1916. Ölgemälde. Privatbesitz.

Seite 86/87:
Jean-Léon Gerôme. *Tanz der Almeh.* Um 1875. Ölgemälde. Dayton Art Institute, Ohio.

rige Bewegung und feuern eine gute Tänzerin mit dem *Zhagareet* oder durch rhythmisches Klatschen an, wie man es auf Saintpierres Bild sieht.

Delacroix' »Jüdische Hochzeit in Marokko« zeigt Frauen, die über das Geländer eines Balkons schauen, um einen Blick auf die Truppe zu erhaschen, die zur Unterhaltung der Männer gekommen ist.

Man hat den Künstlern, die orientalistische Porträts von Frauen malten, immer wieder vorgeworfen, sie seien Voyeure, die den Tanz als Symbol eines östlichen »Exhibitionismus« benutzten. Rana Kabbani schreibt dazu:

Der Tanz wurde oft zum bildlichen Ausdruck für die Ausgelassenheit des Orients, denn er schien eine so völlig andere Art des Tanzens als die seines westlichen Gegenstücks zu sein. Er war nicht nur sozialer Ausdruck, denn die Frau, knapp bekleidet, wie sie dargestellt wurde, war dazu da, dem Betrachter, der nicht mitmachte, sondern nur zusah, zu gefallen.[47]

Im 19. Jahrhundert blickten die Europäer wehmütig auf die Zeit vor der Industrialisierung mit all ihren Übeln zurück. In ganz Europa sorgte man sich um die Freiheit, im eigenen Land wie im Ausland. Man feierte die griechische Revolte gegen die ottomanische Herrschaft, in England kam die Zeit der Fabrikreform, und es begannen die Kampagnen gegen die Sklaverei – einer Institution, die sowohl im Westen wie im Osten blühte und im Osten bis ins 20. Jahrhundert erhalten blieb.

Überall in Europa und Amerika revoltierten die Menschen gegen Grausamkeit und Barbarei. Das Leben im Mittleren Osten sah man mit gemischten Gefühlen: Ablehnung der Mißstände, die der Westen bei sich selbst gerade bekämpfte, und Bewunderung für die Freiheit und Würde der Wüstenbeduinen. C. G. Jung schrieb, daß wir ein unbewußtes Wissen darüber hegen, daß der Zivilisationsprozeß uns unseres vitalen Selbst beraubt hat. Die Tatsache, daß wir dazu neigen, aus dem, was unsere Gesellschaft am meisten braucht oder dessen sie ermangelt, einen Gott oder einen Teufel zu machen, ist inzwischen eine Binsenweisheit. Der Osten war zum Teil auch deswegen attraktiv, weil er offensichtlich das Beste eines primitiveren Lebens bewahrt hatte, das der Westen erst unterdrückte und dann verachtete.

Nachdem sie die arabische Welt kennengelernt hatten, meinten viele Künstler, das Leben, das ihnen die eigene Gesellschaft bot, nicht mehr ertragen zu können, und entschlossen sich zu dem schwierigen Schritt ins Exil.

Der französische Maler Etienne Dinet war einer von ihnen. Dinet besuchte Algerien 1884 zum erstenmal. Danach verbrachte er jeden Sommer dort und malte. So lernte er das Land und seine Menschen immer besser kennen, bis er sich schließlich 1904 auf Dauer dort niederließ. Gegen Ende seines Lebens konvertierte er zum Islam und pilgerte nach Mekka. Als er starb, wurde die Straße in Bou Saada (Ort des Glücks), wo er gelebt hatte, nach ihm benannt.

Dinet ist bekannt dafür, daß er zeit seines Lebens die Frauen der Ouled Nail studierte, eines Stammes, der in der Steinwüste der Sahara in Siedlungen zwischen Biskra und Laghouat lebte. Die Frauen lernten von ihrer Kindheit an zu tanzen. Wenn sie etwa 12 Jahre alt waren, verließen sie das Haus und zogen in die Oasen, um ein neues Leben zu beginnen. Sie lebten mit einer älteren Frau zusammen, die ihnen den Haushalt führte, und reisten von Oase zu Oase, um in den Cafés aufzutreten, wobei sie den Beruf der Tänzerin mit dem der Prostituierten verbanden. Wenn sie genügend Geld für die Mitgift verdient hatten, hörten sie auf zu arbeiten und heirateten. Die Tradition ihres Stammes gaben sie dann weiter, indem sie ihren Töchtern das Tanzen beibrachten.

Wie *Ghawazee* wurde »Ouled Nail« zu einem Begriff für Tänzerinnen im allgemeinen, unabhängig vom Stamm. In den ersten Jahren nach der französischen Besetzung Algeriens 1830 wurde eine große Anzahl französischer Soldaten in der Gegend um Biskra stationiert. Das führte dazu, daß die Stadt sich zu einem Zentrum des Handels und der Unterhaltung entwickelte. Ende des 19. Jahrhunderts war sie zum Ausgangspunkt für Sahara-Reisen geworden und ein Platz, wo sich die Touristen in den Cafés von den Ouled Nail unterhalten lassen konnten.

Viele Tänze des Maghreb werden in Gruppen aufgeführt, wobei die Frauen nacheinander nach vorne kommen, um ein Solo oder im Duett zu tanzen, während der Rest der Gruppe singend und klatschend die Begleitung bildet. Diese Art des Tanzes drückt Leben und Arbeit des Alltags aus wie auch das Zusammentreffen von Menschen. Der Tanz greift insbesondere die Rituale der Natur auf. Wenn mit den Füßen gescharrt und der Boden gestampft wird, sind das symbolische

Etienne Dinet. *Tänzerin der Ouled Nail.* 1890. Gouache. Privatbesitz.

Eugène Delacroix. *Jüdische Hochzeit in Marokko.* Um 1837. Ölgemälde. Louvre, Paris.

Bewegungen der Penetration und der Fruchtbarkeit, um die Erdgeister zu wecken. Die Hände vollführen Gesten, die den Wunsch nach Verbindung ausdrücken: zwischen Himmel und Erde, dem einzelnen und der Gemeinschaft, dem Sterblichen und dem Unsterblichen. Mit kunstvoll flatternden Händen bedeutet die Tänzerin dem Publikum, indem sie ihre Brust zum Gruß berührt: »Ich nehme euch an mein Herz«, während sich Hüften und Bauch unter dem schweren Kostüm rhythmisch heben und senken.

Westliche Besucher fanden den Tanz der Ouled Nail mit seinem starken afrikanischen Einfluß, seiner rituellen Natur und seinen sich ständig wiederholenden Bewegungen wenig attraktiv. Sogar der Solotanz, den die Frauen mit schrillen Schreien des *Zhagareet* verbinden, schnitt schlecht ab im Vergleich zum *Baladi*, dessen Geschmeidigkeit und Anmut die Ausländer eher faszinierte. Ein Reisender bemerkte dazu:

Im Unterschied zu den ägyptischen Tänzerinnen, deren Spezialität in weichen, wellen- und schlangenförmigen Bewegungen liegt, sind die Ouled Nail stolz darauf, in der Lage zu sein, ihren Bauch heftig und synkopisch zu der Musik erzittern zu lassen.[48]

Der amerikanische Tänzer Ted Shawn stellte mit Mißfallen fest, wie die Frauen die Brüste abwechselnd bewegten. Er fährt fort:

Es ist kein suggestiver Tanz, aus dem einfachen Grund, daß nichts der Phantasie überlassen bleibt. Der durchschnittliche weiße Tourist hat etwas gegen diese tierisch erscheinende Schamlosigkeit und ist deshalb kaum in der Lage, die phänomenale Meisterschaft dieser Frauen zu bewundern, die Körperteile beherrschen, über die wir nicht die geringste Kontrolle haben.[49]

Das westliche Interesse an den Ouled Nail konzentrierte sich vor allem auf die physische Erscheinung. »Eine Ausstellung von Mumien oder Reliquien«, notierte ein französischer Anthropologe verwundert und erwähnt die Henna-gefärbten Haare, die Augenbrauen, die so nachgezogen waren, daß sie zusammenstießen, und die offensichtlich schlecht zusammengestellten Schichten von Kleidern. Diese Kostüme bestanden aus bestickten, kittelähnlichen Kleidern, die übereinander getragen wurden und deren offene, glockenähnliche Ärmel entweder herunterhingen oder am Handgelenk umgekrempelt waren. Darüber trugen die Frauen den

Haik, ein langes, um den Körper geschlungenes Woll- oder Baumwolltuch, das an der Schulter von einer *Bezima* gehalten wurde. Diese Klammer war manchmal mit Ketten und Talismanen geschmückt, um die bösen Geister abzuschrecken.

Shawn, der die Ouled Nail in den 20er Jahren sah, berichtet, daß diese *Bezimas* oft die Größe von Pfannkuchenwendern hatten. Er fügt hinzu, daß der Schmuck die Frauen wie ein Kettenhemd bedeckte und daß sie zum Schutz vor Dieben riesige Armbänder trugen, »wirklich mörderisch aussehende Instrumente« mit Nägeln und Spitzen, die bis zu fünf Zentimeter hervorragten.

Die Frauen trugen ihr hüftlanges Haar mit Wolle zusammengeflochten und um die Ohren gewickelt, wo es mit Streifen festgehalten wurde. Einige trugen Tiaras mit eingelegten Korallen, Türkisen oder Emaille, dazu Ohrringe, die so groß waren, daß sie von zusammengebundenen Stoffbändern gehalten werden mußten.

Eine Reihe von Malern versuchte durch Übertreibung die Extravaganz dieser Gewandungen einzufangen. Der französische Maler Georges Clairins, dessen Lieblingsthema die Ouled Nails waren, porträtiert die Frauen als Amazonen. Er vergrößert ihren Kopfschmuck und stellt sie vor die Wände der sonnendurchfluteten Höfe, wie sie lässig eine Zigarette zwischen den Fingern halten. Ihre lockeren, weißen Gewänder sind ebenso fein und zart wie die einer aristokratischen Französin und weit entfernt von den Kostümen, die Shawn als dreckig, zerlumpt und zerfetzt beschrieben hat.

Es ist schon erwähnt worden, daß die orientalistischen Maler die Fremdheit ihrer Objekte hervorhoben. Auch wenn dies bis zu einem gewissen Grad der Wahrheit entspricht, so ist doch der Osten nicht immer pittoresk und geheimnisvoll dargestellt worden. Viele Maler schätzten die Fremdheit des Ostens, ohne deswegen den Fehler zu begehen, im orientalischen Leben nur Geheimnisse zu sehen. Sie versuchten, die unbekannten Gebräuche des Ostens zu verstehen, und hielten sie in Gemälden fest, die zu Reliquienschreinen einer vergangenen Kultur geworden sind. Einigen war bewußt, daß just die Traditionen, die sie faszinierten, im Begriff waren auszusterben. Und sie betrachteten es als ihre Aufgabe, sie für kommende Generationen festzuhalten. So schrieb der englische Künstler William Holman Hunt, der 1855 Jerusalem besuchte: »Ich kann nicht

Etienne Dinet. *Beduinentänzerinnen in Algerien.* 1896. Ölgemälde. Privatbesitz.

glauben, daß die Kunst so schöne Dinge, wie sie im Osten derzeit für immer verschwinden, vorüberziehen lassen sollte ohne die Bemühung, sie für die Zukunft aufzuzeichnen.« Das konnte gefährlich sein. Holman Hunt malte mit einem Gewehr neben sich, um sich gegen wilde Tiere und feindlich gesinnte Beduinen zu schützen. Delacroix, der 1832 Nordafrika besuchte, wurde angespuckt und verflucht und mußte jedesmal von Soldaten eskortiert werden, wenn er ausging.

Orientalismus-Kritiker neigen zu Geringschätzung, was den westlichen Wunsch nach Aufzeichnung der Traditionen des Mittleren Ostens angeht. Ein zeitgenössischer Schriftsteller hat die »westliche Sucht nach Wissen« gerügt, als ob Forschergeist eine Krankheit sei oder ein Komplott, um intellektuelle (und damit faktische) Kontrolle zu erzielen. Dieses indirekte Loblied auf die Ignoranz zeigt, wie weit solche Kritiker davon entfernt sind, das Mißverstehen zu erfassen, als im 19. Jahrhundert die Kulturen aufeinanderprallten. Sowohl der Osten wie der Westen haben von den historischen und anthropologischen Studien des 19. Jahrhunderts profitiert, denn sonst wüßten wir sehr wenig über den alten arabischen Tanz.

Muhammad Racim war der arabische Künstler, der versuchte, die aussterbenden Bräuche und Kleidertrachten seiner Geburtsstadt Algier für die Nachwelt festzuhalten. Seine Miniaturen zeigen Tänzerinnen auf privaten Zusammenkünften in stolzer und dekorativer Pose, um ihre glanzvolle Aufmachung zu demonstrieren, jene türkischen Kostüme in Algerien um 1830. Die gemalten Darstellungen von Tänzerinnen wurden immer weniger, weil sich die Kunst der Fotografie entwickelte und die Frauen begannen, im Westen auf den Weltausstellungen aufzutreten.

Im mittleren und späten 19. Jahrhundert erschienen die ausführlichsten Beschreibungen über die Tänzerinnen. Die meisten Darstellungen stammten von Männern, die selten etwas über die Herkunft und das Privatleben dieser Frauen wußten. Als einzige Frau schrieb die französische Schriftstellerin Colette einfühlsam und intelligent über die Tänzerinnen. Colette hatte im Paris der Jahrhundertwende mehrere Jahre als Tanz- und Pantomimekünstlerin verbracht. Mit außerordentlichem psychologischen Verständnis entwirft sie feingesponnene Porträts von Frauen am Rande der Gesellschaft, deren Überleben allein von ihrer Schönheit und ihrem Charme abhängt.

Während einer Tournee durch Algerien wurde Colette eines Abends zu einem Besuch einer Ouled Nail-Frau mitgenommen:

Der Führer hielt vor einer versteckten Tür und schlug mit seinem Stab daran. Niemand öffnete, und wir konnten nur die schwachen Geräusche eines Festes wahrnehmen ... das Rauschen der Palmen und das Knistern des Sandes, den der Nachtwind herantrieb, herumwirbelte und fein gegen die Wände blies.
Der Führer klopfte lauter, indem er den Knauf seines Stabes benutzte, und ein Lichtstrahl fiel aus der sich vorsichtig öffnenden Tür. Man hörte das Klimpern von Armreifen, Halsketten und Ohrringen. Im Lichte des reflektierenden Sandes sahen wir Augen und Zähne leuchten und Schmuck, der um das Gesicht baumelte. Unser Führer tauschte ein paar Sätze mit der nur undeutlich zu erkennenden Frau aus. Offensichtlich protestierte sie sehr heftig, und er bestand ebenso heftig auf seinem Anliegen. Schließlich trat sie zurück und lud uns ins Haus ein.[50]

Nachdem sie einmal zugestimmt hatte, uns zu unterhalten, schlüpfte die Frau, Yasmina, sofort in eine professionelle Rolle. Sie bot Tee an und machte es den Besuchern bequem. Nachdem sie die Formalitäten beendet hatte, rief sie zwei Musiker von draußen herein und begann zu tanzen:

Wie alle Ouled Nail tanzte sie mit den Armen und Händen, während ihre Füße kaum den Boden berührten, als wäre es heißes Pflaster. Als sie tanzte, setzte sie auch ihre Schenkel und die Muskeln ihres energischen Bauches ein. Dann hielt sie für einen Moment inne und nutzte die Pause, um ihr Mieder, ihren Rock und ihr Hemd auszuziehen, denn der Führer bestand darauf, daß sie nackt tanzen sollte. Sie kehrte in die Mitte des Raumes zwischen uns und die Musiker zurück, die ihr nun den Rücken zugekehrt hatten ... Sie tanzte dieselben Tänze, da sie keine anderen kannte. Aber ihrer Nacktheit wegen lächelte sie jetzt nicht mehr, sondern wandte ihren Blick ab und weigerte sich, uns weiter in die Augen zu sehen. Sie schaute über unsere Köpfe hinweg, erfüllt von einer königlichen Würde und Verachtung, auf der Suche nach der fernen, unsichtbaren Wüste.[51]

Colettes Bericht ist eine der wenigen Beschreibungen einer Ouled Nail-Tänzerin von einer Frau. Es ist auch die zutreffendste, weil sie sich eher auf Yasminas Gefühle als auf ihren Tanz konzentriert, dem nur ein paar Zeilen gewidmet sind.

Die Ouled Nail: strahlend im Glanze ihres Kopfschmuckes und ihrer juwelenbesetzten Kettenhemden. Die *Ghawazee:* in dunklen Cafés tanzend und ebenso begehrt wie verachtet. Sie sind Vergangenheit geworden, und nur die wenigsten kennen noch ihre Namen. Doch durch ihren fesselnden Tanz leben sie fort, in Reiseberichten, Kurzgeschichten und in Gemälden. Eine Erinnerung, aufrechterhalten durch die Alchimie der Kunst.

Kaffeehaustänzerin. 1914. Colorierte Fotografie. Sammlung *Arabesque,* New York.

Seite 97:
Muhammad Racim. *Algerischer Schaltanz.* Um 1830. Miniatur. Privatbesitz.

Tänzerinnen aus dem Osten

Wie seltsam erschien uns dieser Tanz; aber würde unser Walzer diese düsteren Frauen Ägyptens nicht ebenso seltsam anmuten?

F. W. Putnam, Portrait Types of the Midway Plaisance

Wenn ein Tanz aus seinem kulturellen Zusammenhang gelöst und anderswo als Theaterspektakel serviert wird, verändert er sich notwendigerweise. Die Art der Veränderung hängt vor allem von den Erwartungen des jeweiligen Publikums ab, von dessen unbewußtem Geschmack und Vorurteilen.

1851 wurde der Londoner Kristallpalast für eine Ausstellung der Weltkulturen und der neuen Entwicklungen in Wissenschaft und Technologie gebaut. In Modellstädtchen und -dörfern aus aller Welt wurden Handel und Industrie, Mode und Ernährung, Kunst und Unterhaltung dargestellt. Die Ausstellung des Kristallpalastes ging 1853 nach New York. Zwei Jahre später gab es ähnliches in Paris: die erste einer ganzen Serie von Ausstellungen, die alle elf Jahre bis 1900 stattfanden.

Im Jahr 1893 öffnete die Great Columbia Exposition in Chicago ihre Pforten. Ihre Vergnügungsabteilung, die Midway Plaisance, warb mit einem maurischen Palast, türkischen und persischen Theatern, einer Kairoer Straße und eingeborenen Unterhaltungskünstlern. Der ägyptische Tanz, aufgeführt von Fahreda Mahzar (die aus Syrien stammte), war die Sensation der Messe. Die Eintrittskarten zu ihren Aufführungen kosteten zwischen 20 und 75 Cents, je nach Sitzplatz, während man bei ihren Konkurrentinnen Einheitspreise von 25 Cents bezahlte. Dennoch strömten die Menschen in Massen zur Kairoer Straße, während die Nachbarschaft jeweils nur eine Handvoll von Zuschauern anzog.

Fahreda Mahzar wurde als Little Egypt bekannt. Sol Bloom, Sohn armer Einwanderer und späteres Kongreßmitglied, der für die Konzessionen der Unterhaltungskünstler in Midway Plaisance verantwortlich war, bestritt später in seiner Autobiographie, daß er je etwas mit einer weiblichen Tänzerin namens Little Egypt zu tun gehabt hätte. Vielleicht aber waren es sein gehobe-

Fellachische Tänzerin. Nach 1890. Colorierte Fotografie. Privatbesitz.

ner Status und der Ruhm, den die Tänzerin inzwischen erworben hatte, die ihn bewogen, jede Bekanntschaft abzustreiten. Denn Little Egypt wurde die Hauptattraktion der Messe. Nach der *New York Herald Tribune* zog sie »mehr Interesse auf sich als das Siebzig-Tonnen-Teleskop oder das sechs Block lange Gebäude des Handwerks und der freien Künste«.

Nicht allen war die Aufmerksamkeit, die da erregt wurde, willkommen. So verlangte der Aufsichtsrat der weiblichen Manager der Messe, daß sich künftig Darbietungen auf der Bühne »innerhalb der Grenzen der Schicklichkeit halten mögen, die in diesem Land üblich sind«. Andere schlossen sich dieser Beschwerde an. Little Egypt war jedoch nicht typisch für alle Tänzerinnen, die auf der Messe auftraten. Fotos von damals zeigen, daß traditionelle Volkstänze genauso zu diesen Orient-Shows gehörten. F. W. Putnam, der ein Erinnerungsbuch mit Porträts der Tänzerinnen veröffentlichte, schreibt über die algerische Gruppe, es ginge bei ihnen lebhaft und wesentlich anmutiger zu als bei den Pirouetten einer Ballettpremiere, und dabei hätten sie noch weitaus mehr an als etwa die Ballerinas der Pariser Oper.

Doch es gab auch andere Meinungen. So heißt es in einer Souvenirbroschüre der Messe: »Obwohl die Tänzerinnen geschmeidig wie Panther waren und infolgedessen anmutiger Bewegungen fähig sein sollten, so war doch ihr Tanzen kaum Tanz, sondern eher Verrenkung.«[52]

Julia Ward Howe, eine frühe amerikanische Feministin, fand eine Aufführung, die sie sah, »einfach schrecklich, keine Spur von Anmut, nur äußerst deformierende Bewegungen der Bauch- und Lendengegend«. Der Tanz, eine mögliche Erfahrung der Befreiung, konfrontierte sie mit ihren Vorurteilen, so, wie er das seither immer bei Frauen im Westen getan hat. Wie viele andere nahm sie diese Herausforderung nicht an, sondern fügte sich lieber den patriarchalischen Vorstellungen über das Sinnliche und den weiblichen Körper.

In den letzten Tagen der Messe erschienen Abschiedsgedichte in der Presse, doch es findet sich keines, das Little Egypt gewidmet war. Zareefa, die Beduinentänzerin, Jamelee aus Syrien und Rosa vom türkischen Theater hingegen erhielten Elogen. Doch Little Egypt war es, die eine Unzahl von Nachahmerinnen inspirierte. Währenddessen kehrten die anderen Tänzerinnen von der Messe mit den 500 Dollar heim,

die sie für den sechs Monate langen Aufenthalt in Chicago bekommen hatten. Das war zu jener Zeit eine enorme Summe für eine Tänzerin, und es brachte andere dazu, auf der Suche nach Ruhm und Glück nach Europa und Amerika zu gehen.

Von 1893 an wurde es überall in Amerika üblich, Burlesque-Shows mit Tänzerinnen zu präsentieren, die sich Little Egypt nannten. Manche waren Amerikanerinnen, andere nicht, und ihre Auftritte hatten wenig mit dem zu tun, was Fahreda Mahzar gezeigt hatte. Sie selbst heiratete einen griechischen Restaurantbesitzer und trat in einem immer konservativeren Stil auf, während ihre Nachahmerinnen immer gewagter und zügelloser wurden. Häufig mußte sie heftig gegen die Unzahl von Little Egypts protestieren, deren unzüchtige Auftritte ihr zugeschrieben wurden. 1937, als sie wieder einmal eine dieser Imitatorinnen angezeigt hatte, starb sie an einer Herzattacke. Über den Einfluß, den sie auf ihr Publikum hatte, gibt es zahllose Legenden. Von Mark Twain wird gesagt, er habe einen Herzanfall be-

Leichenstein und Harari. *Unterhaltungskünstler aus dem Osten.* Nach 1880. Postkarte. Privatbesitz.

›*Fatimas Tanz*‹. Um 1896. Filmfoto. Museum of Modern Art, New York.

kommen, als er sie tanzen sah. Aber welche Little Egypt hat er gesehen?

Auf der Columbia Exposition tanzte Fahreda Mahzar zum Klang von Flöten und Trommeln. In einem Bericht heißt es, ein Teil ihrer Aufführung habe darin bestanden, daß sie sich hinlegte, zwei halbgefüllte Gläser auf ihren Bauch stellte und sie im Rhythmus der Musik zusammenstoßen ließ. Manchmal balancierte sie einen Kerzenleuchter auf ihrem Kopf, und gelegentlich erschien sie auch ohne Schuhe und Strümpfe und schlug ihren gewaltigen Rock über dem linken Knie um, so daß ihre lange, weiße Baumwollunterwäsche sichtbar wurde.

Es war eine Zeit, als Männer noch stehenblieben und guckten, wenn die Frauen das Trittbrett der neumodischen Trolleybusse bestiegen und dabei ein paar Zentimeter ihrer mit Baumwollstrümpfen bedeckten Knöchel entblößten. Jahre später schrieb ein Burlesque-Entertainer jener Zeit:

Heute mag es uns vielleicht amüsieren oder unglaublich erscheinen, aber den Knöchel einer Frau zu sehen war damals eine Neuigkeit. Die Männer standen an der Straßenecke und warteten darauf, daß Mädchen über die Straße gingen, um beobachten zu können, wie sie ihre Röcke anhoben. An Regentagen war die Ernte besonders reich.[53]

In einem solchen Klima sexueller Repression und Obsession ist es wenig erstaunlich, daß der arabische Tanz als schockierend galt.

1896 wurde ein 30-Sekunden-Film gedreht, der entweder unter dem Titel *Danse du Ventre* oder *Passion Dance* gezeigt wurde und in dem die amerikanische Tänzerin Dolorita auftrat. Dies schwarzweiße Geflimmer zeigt eine üppige Frau in großen, tiefhängenden Pumphosen, mit einem feinen Batisthemd, das kaum die Brüste verhüllt, und einem Mieder, das aus den Nähten platzt. Breitbeinig wirbelt sie auf der Bühne, ihr Körper ist eine Masse wackelnden, pulsierenden Fleisches. Mit einem Lächeln von seltener Süße sinkt sie in die Knie und stößt ihr Becken in Richtung der Kamera.

Dieser Film, der in den Filmautomaten an der Strandpromenade von Atlantic City gezeigt wurde, hielt den Rekord als beliebteste aller Peepshows, bis einem Ordnungshüter die Schlangen von Leuten auffielen, die anstanden, um den Streifen zu sehen. Er schaute ihn an und beschwerte sich dann bei den Behörden. Daraufhin wurde der Film aus dem Verkehr gezogen.

Stein des Anstoßes war die Kühnheit der Beckenbewegungen. *Danse du Ventre* und ein anderer Kurzfilm, *Fatima's Dance,* der in Coney Island um dieselbe Zeit gedreht worden war, gehörten zu den ersten Filmen der Filmgeschichte, die der Zensur zum Opfer fielen. Sie wurden mit schwarzen und weißen Balken auf jedem einzelnen Bild gezeigt, so daß der Kopf schließlich der einzige Körperteil war, den man deutlich sehen konnte.

Die unzensierte Fassung von *Fatima's Dance* zeigt eine Frau, die nach ihrer Technik sehr gut aus dem Mittleren Osten stammen könnte. Sie trägt einen gestreiften Rock, Halsketten mit baumelnden Münzen, ein gestreiftes Mieder mit Puffärmeln, hochhackige Schuhe und einen dekorativen Hut, der wie eine kleine Pillenschachtel auf ihrem Haar sitzt. Wenn sie sich umdreht, kann man die Troddeln an den Strumpfbändern sehen, die ihre weißen Strümpfe kurz unter den Knien halten. Den ganzen Tanz über spielt sie mit Fingerzimbeln. Sie beginnt mit einem lebhaften Schütteln der Hüften, macht dann einen kleinen Sprung zur Seite, wobei sie ein Bein vor dem anderen kreuzt, dann den gleichen Sprung in die andere Richtung. Dem folgt ein Schulter-Shimmy und danach ein gleitender, wogender Gang, der das Vorwärtsstoßen der Hüften unterstreicht. Eine Hand hält sie dabei hoch, die andere ist hinter dem Rücken versteckt. Der Film zeigt uns nicht nur die Art des Tanzes gegen Ende des 19. Jahrhunderts; er stimmt auch mit Berichten aus früheren Zeiten überein. Damit bestätigt er die Kontinuität des Stils und zeigt, wie wenig sich der Tanz selbst bis heute verändert hat.

Das Aussehen der Tänzerinnen, die auf den Weltausstellungen auftraten, stieß häufig auf Mißfallen und Enttäuschung:

Ihr verknotetes Haar, eine Gesichtsfarbe wie dreckige Butter, fleckige Zähne und eine Neigung zur Beleibtheit sind furchtbar desillusionierend. Ihre Stimmen haben ein Timbre, das bei einer amerikanischen Katze zur unehrenhaften Vertreibung aus jeder anständigen Nachbarschaft führen würde.[54]

Das Problem bestand darin, daß das Publikum sich den orientalischen Tanz so vorstellte, wie es ihn aus Kunst und Literatur der westlichen Welt kannte. Orientalische Frauen sollten sich durch ihr geheimnis-

Hammersmitt. *Eines der frühsten Studioporträts einer Tänzerin aus Ägypten.* Nach 1870. Fotografie. Privatbesitz.

Studioporträt ägyptischer Unterhaltungskünstler. Nach 1890. Fotografie. Privatbesitz.

Arnaud. *Studioporträt.* Nach 1880. Fotografie. Privatbesitz.

volles Wesen, durch Trägheit und verschleierte Schönheit auszeichnen. Die einfachen Sterblichen, die da mitsamt ihren Musikern auf der Suche nach Arbeit in den Westen kamen, paßten nicht in die wehenden Gewänder der orientalischen Malerei. Der westliche Einfluß auf ihre Kleidung zeigt sich an den kürzeren Röcken, den Strümpfen und Schuhen, die sie auf den Fotos der Weltausstellungen tragen. Die Beleibtheit, das Üppige, das in ihren eigenen Ländern als schön galt, war im Westen weniger geschätzt. Nachdem sie Jahre hindurch Quelle der Phantasie gewesen waren, wurden sie nun, da sie persönlich erschienen, mit einiger Verwirrung begrüßt.

Tänzerinnen, die den *Baladi* aufführten, mußten erleben, daß man ihrem Tanz alle möglichen Namen gegeben hatte, etwa *danse du ventre* (Bauchtanz) und *Hoochie Koochie* (nach den Kooch-Tänzerinnen aus Indien). Dieser Name weist auf eine weitere Verwechslung hin. Die Türkei, Ägypten, Syrien, Persien und Indien wurden alle in denselben würzigen Topf mit dem Etikett »orientalisch« geworfen. Es war gleichgültig, woher die Tänzerin stammte, man erwartete von ihr in jedem Fall jene Art Aufführung, die in den zahllosen Berichten über den ägyptischen *Baladi* so gefeiert worden war.

Die Fotografie lieferte noch ein weiteres Element der Erwartungshaltung. Seit den 40er Jahren des 19. Jahrhunderts waren Fotos von Tänzerinnen als Postkarten erschienen. Oft waren diese Fotos in Studios mit Modellen gemacht worden, die keineswegs immer wirkliche Tänzerinnen waren. Viele dieser frühen Studios gehörten Europäern. Am bekanntesten waren die Brüder Bonfil, die in Beirut residierten, und Lehnet und Landrock in Kairo. Die meisten Bilder wurden eigens für den westlichen Markt produziert und zeigen die Frauen in höchst unwahrscheinlichen Positionen. Da lehnt ein barbusiges Mädchen gegen einen Türeingang, schielt in die Sonne und hält ein Tamburin über den Kopf. Oder es liegt auf einer Couch und spielt auf einer *Oud* (einer arabischen Flöte), während das Kleid an den Schultern geöffnet ist und den Blick auf den nackten Oberkörper freigibt. Überflüssig zu sagen, daß die Texte zu diesen Postkarten ähnlich an den Haaren herbeigezogen sind. Oft ist es dieselbe Frau, in verschiedenen Nationaltrachten, die in einer ganzen Serie als Bewohnerin unterschiedlicher arabischer Länder posiert.

Zanjaki. *Ägyptische Musikerin mit traditionellem Schleier.* Nach 1880. Fotografie. Privatbesitz.

Francis Bedford. *Tänzerin.* Nach 1880. Fotografie. Privatbesitz.

Die Modelle bekamen im allgemeinen nur wenig Geld, und man sieht ihnen oft an, daß sie sich nicht wohl fühlen oder einfach gelangweilt sind. Die Fotografie steckte damals in den Kinderschuhen und war eine mühselige Angelegenheit. Die Modelle mußten bis zu zwei Minuten absolut bewegungslos dastehen. Der angestrengte Ausdruck in ihren Gesichtern, wenn sie neben den Topfpalmen eines Beiruter Studios stehen, mag auch ihre Gespaltenheit widerspiegeln, überhaupt fotografiert zu werden. Denn in vielen Ländern glaubte man (und glaubt es heute noch), daß man jemandem die Seele raubt, wenn man ihn abbildet.

Manche dieser Porträts haben aber auch ihre komischen Seiten. Das Foto einer Weltausstellungs-Tänzerin etwa zeigt eine müde blickende Frau mit platten Füßen. Die eine Hand liegt an der Hüfte, die andere über dem Kopf hält ein Paar Blechzimbeln. Sie sieht aus, als kenne sie das alles zur Genüge und als sei nichts daran ihr angenehm. Der Blick signalisiert äußerste Langeweile und völliges Desinteresse, auch nur zu ver-

suchen, eine anmutige Pose einzunehmen. Dazu scheinen ihre Augen sagen zu wollen: »Los jetzt, beeil dich, mein Arm fällt gleich ab!« Auf einem anderen Bild schaut eine Frau voller Verachtung in die Kamera. Wir haben sie schon auf mehreren Fotos gesehen, wo sie eine Musikerin darstellt; jetzt ist sie plötzlich eine Sängerin.

Einen Kontrast zu diesen arrangierten Aufnahmen bilden die Fotos von Ouled Nail-Tänzerinnen, die in Bou Saada gemacht wurden und im Januar 1914 im *National Geographic Magazine* erschienen. Eines davon zeigt eine wilde, stolze Person mit einer Zigarette im Mundwinkel, die in die Kamera guckt, als könne ihr Blick töten. Sie sieht aus, als sei sie in der Lage, mit jedem fertig zu werden, der ihr dumm kommt.

Man hat gesagt, diese Frauen seien wie aufgespießte Schmetterlinge, Opfer der Fotografen, die sie ihrer menschlichen Würde beraubten. Doch sie sind viel eher Opfer ihrer eigenen Gesellschaft. Aufgrund ihrer Geburt, ihrer Nationalität (oft gehörten sie Minderheiten an), eines plötzlichen Mißgeschicks oder einer schiefgegangenen Ehe mußten sie ihren Lebensunterhalt in Ländern verdienen, wo Frauen, die nicht unter der Aufsicht eines Ehemannes oder eines männlichen Verwandten standen, Verachtung und Mißtrauen entgegenschlug.

Im allgemeinen schrieben die Tänzerinnen, die zu den Weltausstellungen und in die Cabarets nach Europa und Amerika kamen, ihre Gefühle und Gedanken nicht auf. Um so interessanter ist es, wenn wir uns nun einer Tänzerin zuwenden, die dies tat.

Armen Ohanian unterschied sich in allem von ihren Zeitgenossinnen in den ersten Jahren des 20. Jahrhunderts. Sie war ein seltenes Phänomen ihrer Zeit: Ein gut erzogenes Mädchen aus einer wohlhabenden Familie, das Berufstänzerin wurde. Armen trat auch nicht in demselben Milieu auf wie die übrigen, sondern suchte Orte abseits der Cafés und kleinen Shows für ihre Auftritte. Dabei hatte sie stets den Ehrgeiz, ihrer Kunst vor den Augen der Welt Respekt zu verschaffen, denn sie kannte seit ihrer Kindheit die Verachtung, die man für Tänzerinnen empfand. Sie erinnerte sich, wie sie als junge Braut von dem Onkel ihres Mannes auf einen Basar in Teheran mitgenommen worden war und dort ein Kind gesehen hatte, das mit einem Tamburin tanzte. Das Haar des Mädchens war zerzaust, sein Gesicht früh gealtert, müde und vergrämt. Als es das

Tamburin ausstreckte, um Geld einzusammeln, warf die johlende Menge Kieselsteine und faule Eier hinein. Entsetzt bat Armen ihren Onkel wegzugehen. Er stimmte mit den Worten zu: »Warum sollen wir uns dieses verlorene Mädchen ansehen? Es gibt nichts Schlimmeres in der Welt als eine Tänzerin.«

Armen Ohanians Autobiographie ist einer der seltenen Berichte aus dieser Zeit, der das Leben einer »orientalischen« Tänzerin von »innen« beschreibt. Sie gewährt manche detaillierte Einsicht in das Dasein der Frauen im Mittleren Osten und die öffentliche Reaktion auf ihren Berufsstand. Armen kam ursprünglich aus Armenien, wurde aber nach dem Tod ihres Vaters nach Persien geschickt, wo man eine Hochzeit für sie ausgehandelt hatte. Nach dem Scheitern dieser Ehe blieben ihr zwei Möglichkeiten: entweder zur Familie ihres Ex-Mannes zu ziehen oder – um ihre eigenen Worte zu gebrauchen – »sich in die vier Winde zu werfen und ihren eigenen Weg in der Welt zu finden«. Entschlossen, die unglückliche Vergangenheit hinter sich zu lassen, wandte sie sich dem Tanz, ihrer alten Kindheitsliebe, zu – vielleicht aus Mangel an einer anderen Alternative und dem brennenden Wunsch nach Anerkennung. Doch das kam erst später.

Nach ersten Erfahrungen in Ägypten bekam sie einen Vertrag für Auftritte in Europa. Die ersten Jahre dieses Jahrhunderts verbrachte sie in Paris, damals die kulturelle Metropole des Westens. Sie wurde zur Mode der Zeit. Der Schriftsteller Anatole France bewunderte sie so, daß er eine überlange Einleitung zu ihrem ersten Memoirenband mit dem Titel *The Dancer of Shamanka* schrieb, dessen englische Übersetzung ziemlich blumig ausfiel. Ihr zweites Buch *Les Rires d'une Charmeuse de Serpents* (Das Lachen einer Schlangenbeschwörerin), das gleich darauf folgte, ist in vieler Hinsicht interessanter. Hier entsteht das Bild einer melancholischen, vielleicht etwas humorlosen Frau voll leidenschaftlicher Überzeugungen.

Der erste Band ihrer Memoiren beschäftigt sich vor allem mit ihrer gescheiterten Ehe. Von dem Augenblick an, als Armen im Haus ihres Verlobten ankommt, wird sie von schlechten Omen verfolgt. Zu ihren Füßen wird ein Lamm als Zeichen der Begrüßung geschlachtet, aber das Blut fließt zum Schrecken ihrer künftigen Schwiegermutter nicht in ihre Richtung.

Heimweh und die Mühe, sich einem fremden Lebensstil anzupassen, beginnen sich bemerkbar zu

Studioporträt mit dem Titel: ›Zwei arabische Frauen mit ihrer Dienerin‹. Nach 1890. Postkarte. Privatbesitz.

Seite 106:
Junges Mädchen der Ouled Nail. 1914. Fotografie. National Geographic Magazine.

Ouled Nail Tänzerin. 1914. Fotografie. *National Geographic Magazine.*

Frau der Ouled Nail. 1914. *National Geographic Magazine.*

Musikerin mit Reque. Nach 1890. Postkarte. Privatbesitz.

machen. Nach den vierzig Tagen, in denen sie sich auf ihre Pflichten als Ehefrau vorbereitet, ist sie verschüchtert und so nervös, daß sie vor jedem Schatten Angst hat. Als sie unter Alpträumen zu leiden beginnt, aus denen sie mitten in der Nacht schreiend erwacht, werden heilige Männer gerufen. Sie erzählen ihr, sie sei von bösen Geistern besessen. Talismane werden ihr um den Hals gehängt, um die Geister abzuwehren, und man zwingt sie, durch die Straßen bis zu den Gräbern der Heiligen zu tanzen, in einem Trance-Ritual, das das Böse vertreiben soll. »Die Geister sollten durch meine schnellen Bewegungen und den schrillen Klang der Zimbeln abgeschüttelt und ihre Rückkehr durch die Talismane verhindert werden.« Doch das Ritual erweist sich als Fehlschlag. Am Tag der Hochzeit ist Armen in einem Zustand nervöser Erschöpfung.

In der Hochzeitsnacht wartet sie in ihrem Zimmer auf den Ehemann. Als Zeichen des Respekts hat sie das Essen und die Getränke, die für beide vorbereitet sind, nicht angerührt. Sie schläft neben dem Feuer ein. Als die Lampe flackert und erlischt, fährt sie aus dem Schlaf auf. Sie sieht, wie das Feuer sich langsam in Asche auflöst, und böse Vorahnung kriecht kalt in ihr Herz.

Nach der Hochzeitsnacht werden nach alter Tradition die blutbefleckten Laken vom Bett genommen und zum Beweis ihrer Jungfräulichkeit aus dem Fenster gehängt:

»Dieser Brauch erweckte in mir eine wilde Abneigung gegen die Ehe, eine Abneigung, die physisch wurde. Mein abgewiesener Ehemann verstand den Grund dafür nicht. Er fühlte sich abgewiesen und flüchtete in kühle Zurückhaltung, während seine Familie sich schmählich beleidigt sah. Ich sprach nicht mehr mit ihnen. Die Demonstration der Hochzeitslaken vergab ich ihnen nie.«[55]

Ihr Ehemann tröstet sich mit »weniger züchtigen, aber einladenderen Frauen«, und Armen begeht einen Selbstmordversuch. Als sie sich im Krankenhaus von der Schußwunde erholt, trifft sie eine Frau, die sich ihr als die Königin der Kronen vorstellt. Sie ist eine Verwandte des Schahs und lädt Armen ein, mit ihr in ihrem Palast zu leben. Dort sieht sie eines Nachmittags den Auftritt einer Gruppe von *Mutrubes* (Kurtisanen-Tänzerinnen). Decken und Kissen werden gebracht und auf dem Boden ausgebreitet; Wein, Sorbets, Fruchtschalen, Musikinstrumente und Opiumpfeifen auf die Decken gestellt und mit frischen Rosenblättern bestreut. Armen und ihre Gastgeberin beschließen, den Auftritt versteckt hinter ihren auf den Garten gehenden Souterrain-Fenstern zu verfolgen.

Schließlich kommt der Abend, und die *Mutrubes* erscheinen. Sie werden von einer Frau in den Vierzigern begleitet, die sich aus dem Beruf zurückgezogen hat und deren Aufgabe es ist, die jüngeren *Mutrubes* zu unterrichten:

»Die Wissenschaft, das Auge zu erfreuen, zu tanzen, offenherzig zu sein, schöne Gedichte aufzusagen, Sprüche wie Perlen in das Gespräch zu streuen; wie man scheuen Freiern schmeichelt und mit kecken Männern keck ist; am Abend zurückhaltend zu sein und im Morgengrauen wie eine Blume der Liebe zu erblühen.«

Zur Gruppe gehört ein junges Mädchen in einem durchsichtigen, weißen Kleid, das an den Hüften mit einer purpurnen Schärpe zusammengehalten wird. Es tanzt »ein Gedicht vom Erwachen des Lotus im Sonnenschein, das es durch kleine Zuckungen des Körpers vorträgt«. Dann singt die ältere Frau einige melancholische Fragmente von alten Gedichten und Legenden. Nachdem sie und das jüngere Mädchen sich ins Haus zurückgezogen haben, legen die *Mutrubes* ihre Übergewänder ab und tanzen in langärmligen, seidenen, mit Gold verzierten Tunikas für die Männer.

Die Augen der Prinzen ließen nicht von den bebenden Hälsen und den schlanken Armen der Tänzerinnen ab. Wie Schlangen glitten sie mit nach vorne gebeugten Körpern im Rhythmus der langsamen Musik über den Teppich; sie lachten, berührten fast die nach ihnen ausgestreckten Arme und zogen sich wieder zurück, wenn eine gierige Berührung den Rhythmus des Tanzes zu unterbrechen drohte.[56]

Dieses Fest löst Armes wachsende Unruhe, und sie entschließt sich, ihr Leben des trägen Luxus aufzugeben. Sie berichtet, daß sie seit ihrer Kindheit, als sie sich selbst das Tanzen beibrachte, von den alten Tänzen ihrer Heimat fasziniert war. Nun entscheidet sie sich, den Weg des professionellen Tanzes einzuschlagen. Nach verschiedenen Abenteuern erhält sie die Einladung, für einen ägyptischen Pascha zu tanzen.

Sie stellt sich in Kairo im Palast vor und tanzt dort zunächst für die Frau des Paschas, die Armens Auftritt später am Abend wegen der Anwesenheit von Europäern nicht besuchen darf:

Türkische Tänzerin. Nach 1890. Postkarte. Privatbesitz.

Mit der den Asiaten eigenen Diskretion hatten meine Musiker der Khediva den Rücken zugewandt, was mich zwang, ihren Inspirationen zu folgen. Für eine asiatische Tänzerin ist das wirklich eine unangenehme Aufgabe, denn üblicherweise folgt die Musik ihren Gesten und nicht umgekehrt.[57]

An diesem Abend tanzt Armen für eine buntgemischte Versammlung, zu der auch eine Reihe europäischer »Prinzessinnen« gehören, die mit Männern aus dem Mittleren Osten verheiratet sind. Sie entdeckt, daß diese Prinzessinnen ursprünglich »vor ihrer Thronbesteigung und der Aquisition moslimischer Ehemänner alle Sängerinnen der europäischen Cabarets in Marokko und Algier waren«.

Ein armenischer Khan hält ihr einen Vortrag über die Schlechtigkeit der Welt: »Deine Füße sind auf einem Pfad, der abwärts führt, meine Tochter,« seufzte er. »Bald wirst du dich aus einer ehrlichen Frau in eine Künstlerin verwandelt haben. Dein Sturz ist unvermeidlich. Es wird ein Sturz aus Liebe zum Geld sein.« Als Armen bestreitet, daß sie je der Versuchung nach Reichtum und Luxus erliegen werde, erklärt er, in diesem Falle würde sie sich in einer noch schlimmeren Lage, der des tiefsten Elends nämlich, wiederfinden. Nachdem er sie so, wie er meint, gründlich erschreckt hat, macht er ihr lieber gleich selbst einen Antrag, als dies jemand anderem zu überlassen.

Enttäuscht von Ägypten sucht Armen nach neuen Möglichkeiten. Da bietet man ihr einen Vertrag in einer englischen Music Hall an:

Ein Star zu werden! Wie schön! Aber meinem Herzen schauderte bei dem Wort »Künstlerin«. Im Osten war dieser Name für die unglücklichen Frauen üblich, die von Sklavenhändlern aus dem Westen gebracht wurden. Niemand erinnerte, je einen Auftritt dieser Künstlerinnen gesehen zu haben, denn sie wurden noch am Tag ihrer Ankunft für einen Batzen Gold gekauft und verschwanden in den Privatharems.[58]

Nach langem Überlegen unterschreibt Armen den Vertrag, ohne ein Wort davon verstanden zu haben:

Von diesem Augenblick an wurde ich unabhängig, das heißt der Gnade der Ereignisse ausgeliefert. Unabhängigkeit. Ein stolzes Wort, dazu geschaffen, die Stolzesten in die Sklaverei zu bringen.

Hier endet der erste Band ihrer Memoiren.

Wir finden sie dann als Liebling der Pariser Gesellschaft wieder, als »die kleine Perserin«, und in ihre Erinnerungen mischt sich nun leise Ironie. Das Milieu, mit dem sie zu tun hat, war nicht dazu angetan, ihre Sehnsucht zu stillen, endlich als Künstlerin ernst genommen zu werden. In den Salons der Reichen zu tanzen mochte sie ernähren, doch sie blieb eine Kuriosität.

In den Salons verbrachte man damals die Zeit noch auf angenehme Weise. In der hektischen Zeit vor dem Ersten Weltkrieg zahlten sie ihren Dämchen noch hübsche Summen. Da war »die kleine Perserin« eine neue Errungenschaft, mit ihrem Schweigen und dem Lächeln, das als »leonardesk« galt und doch bloß die Traurigkeit ihrer Augen versteckte.[59]

Sebah. *Orientalische Zauberin.* Um 1890. Postkarte. Privatbesitz.

Armen liefert uns einen vergnüglichen Bericht über einen der Abende, an dem sie die Pariser Elite unterhielt. Eine amerikanische Nähmaschinenherstellerin hatte sie engagiert, »eine fünfzigjährige Brünette mit gesundem Appetit, einem massiven Körper und soliden Hüften. Sie war schroff und energisch und hatte eine Stimme, die durch viele Cocktails rauh geworden war«. Die Gäste leerten ihre Gläser so schnell, daß die Diener Mühe hatten, die herumrollenden leeren Weinflaschen einzusammeln, die sie unter den Tischen deponierten.

Das Unterhaltungsprogramm begann mit einer Opernsängerin. Sie war mitten in einem Lied, als die Gastgeberin aus ihrer betrunkenen Erstarrung erwachte.

»Genug, Debussy! Hallo! Jetzt soll die Perserin kommen! Wir wollen die Perserin!«
Die Sängerin erbleichte. Das Notenpapier zitterte in ihren zusammengepreßten Händen. Sie lächelte wie ein Kind, das gleich in Tränen ausbricht.
»Pardon Madame. Sie werden die Perserin heute abend nicht sehen«, sagte ich, empört über die Behandlung der Sängerin und auch im Namen all jener, denen diese sturzbesoffene Herodias ihre Befehle zugebellt hatte.
»Wie bitte?« fragte sie und riß ihre vom Wein verquollenen Augen auf.
»Unsere Kunst ist für so ein vergnügtes Publikum viel zu traurig.«
Ich wandte ihr den Rücken zu und meine Hindu-Musiker auch. Nach irgendeinem unartikulierten Geblubber fing sie an, Gegenstände auf den Boden zu schmeißen. Sogar der Tisch fiel ihrem hysterischen Ausbruch zum Opfer.
Mein Freund, der russische Diplomat, kam zu mir, auch er ein wenig betrunken.
»Immer diese Dramen!« lachte er, denn er kannte meine Manie, alles todernst zu nehmen.
»Warum hast du mich hierher, zu dieser Messalina der Märkte gebracht?« fragte ich zornig.
»Du irrst dich. Sie ist ein guter Kerl, der beste Kerl, den ich kenne«, versicherte er mir, ein wenig verwirrt.[60]

Armen wurde von den Künstlern und Intellektuellen der Stadt aufgenommen, und in dieser kosmopolitischen Umgebung atmete sie freier als in den Salons der Reichen. Doch kein Publikum stellt sie wirklich zufrieden. Sie distanziert sich immer mehr von ihrer öffentlichen Rolle, schreibt jetzt von sich in der dritten Person und gibt zu, daß sie die notwendige Kommerzialisie-

rung ihrer Kunst inzwischen haßt, einer Kunst, die sie einem Publikum präsentiert, für das sie wenig Respekt empfindet. Obwohl sie weiterhin Engagements annimmt, um ihre Rechnungen bezahlen zu können, verliert sie jede Liebe zum Tanz und wendet sich statt dessen dem Schreiben zu.

Zeitgenössischen Kritiken ist zu entnehmen, daß sie sich der für europäische Augen »akzeptablen« Form des Tanzes angepaßt hatte. Zart und ätherisch, wie sie war, scheint sie erfüllt zu haben, was sich ihr Publikum unter orientalischem Tanz vorstellte, und das war himmelweit von der irdischen Ausgelassenheit und den kräftigen Hüften von Little Egypt entfernt. Armen Ohanian hatte das Glück, zur richtigen Zeit am richtigen Ort zu sein und vom blühenden Orientalismus der Zeit zu profitieren. Auch die anderen Tänzerinnen aus dem Osten übernahmen sehr bald westliche Ideen. Nach und nach veränderten sich ihre Kostüme und ihr Tanz immer mehr.

Als sie in den ersten Jahren dieses Jahrhunderts auf dem Weg nach Europa durch Ägypten kam, beklagte Armen Ohanian den wachsenden westlichen Einfluß auf den Tanz:

Tänzerin aus Tripiolis. Nach 1920. Postkarte. Privatbesitz.

Eines Abends sah ich in Kairo entsetzt und mit ungläubigen Augen einen unserer heiligsten Tänze zu schrecklicher Bestialität herabgewürdigt. Es war unser Gedicht vom Geheimnis und Schmerz der Mutterschaft. Im alten Asien, das den Tanz in seiner frühen Reinheit bewahrt hat, stellt er die Mutterschaft, die geheimnisvolle Empfängnis des Lebens, das Leiden und die Freude dar, mit denen eine neue Seele in die Welt gebracht wird... Der Geist des Westens aber hatte diesen heiligen Tanz berührt und ihn zum Hoochie Koochie, *zum* danse du ventre, *zum Bauchtanz gemacht. Ich hörte die dürren Europäer kichern, sah sogar auf den Lippen von Asiaten ein laszives Lächeln und ergriff die Flucht.*[61]

Das Bild der Obsession

Es waren die Jahre, als Künstler das Bedürfnis verspürten, wiedergeboren zu werden. Dazu mußten sie ihren Weg zurück zur Natur finden, zurück zum Primitiven und vor allem zurück zum Selbst.
William Sorell, Dance in its Time

In den ersten zwei Jahrzehnten des 20. Jahrhunderts war der Tanz die einflußreichste aller Künste im Westen. In diesen Jahren wandelten sich der europäische und der amerikanische Tanz von einer bloßen Zerstreuung zu einer Kunst, die die tiefsten Erfahrungen des Lebens auszudrücken vermochte. Diese Metamorphose wurde von einer Handvoll Pioniere bewirkt, die sich ihre Inspiration vor allem aus dem antiken Griechenland und dem Mittleren Osten holten. In einem Artikel über Isadora Duncan um die Jahrhundertwende faßt ein Musikkritiker die zeitgenössische Haltung dem Tanz gegenüber zusammen. Isadora Duncan war das Genie hinter der Umgestaltung und der Ausbreitung des Tanzes im Theater. Vorher habe das Tanzen ausschließlich der Zerstreuung gedient. Kein Intellektueller habe den Tanz ernst genommen. Er galt entweder als gesellige Betätigung oder war, in Form des Balletts, eine Lieblingszerstreuung alter Herren, die als Ballettomanen bekannt waren.

Isadora Duncan war die erste, die diese Auffassung in Frage stellte, indem sie behauptete, der Tanz sei nicht nur Ausdruck von Schönheit, sondern er könne die Menschen ebenso bewegen wie großes Drama und Poesie. In ihrer frühen Karriere wurde sie vor allem vom alten griechischen Tanz inspiriert, wenn sie auch später erkannte, daß es eher der Geist des antiken Griechenland war; der sie ursprünglich motiviert hatte als dessen Form. Ihr Tanz war im wesentlichen ihre eigene Erfindung.

Die bei weitem stärkste Quelle der Inspiration für den neuen Tanz war der Orient. Und obwohl kein Unterschied zwischen dem Tanz des Mittleren und des Fernen Ostens gemacht wurde – von Nordafrika gar nicht zu reden –, so bemühten sich die meisten orientalischen Tänzerinnen unbewußt doch, den ägyptischen *Baladi* nachzuahmen, obwohl ihr individueller Stil wenig Ähnlichkeit mit dem Original hatte.

Colinet Clair. *Tänzerin aus Theben auf einem Sockel, der pharaonische Fresken darstellt.* Nach 1930. Statue aus Bronze und Elfenbein. Privatbesitz.

Descamps. *Charleston.* Nach 1930. Statue aus Bronze und Elfenbein. Privatbesitz.

Der Orientalismus war durch die Jahre in das Bewußtsein eingesickert. Viele westliche Bürgerhäuser hatten ihre arabische Ecke, mit eingetopften Palmen und persischen Läufern; türkische Haremshosen waren in und wieder aus der Mode gekommen; verschiedene Künstler hatten mit Haschisch experimentiert und es als bessere Inspirationsquelle erkannt als den »unwürdigen schweren Rausch« des Alkohols, wie es Théophile Gautier formulierte.

Doch auch wenn viele den orientalischen Tanz mit offenen Armen empfingen, sollte er doch ihren Phantasien entsprechen. So entstand der verwestlichte orientalische Tanz, eine Kombination von Bewegungen des Oberkörpers, dramatischen Posen und ritueller Mimik. Für jene Tänzerinnen, die in »künstlerischen« Kreisen auftraten, waren betonte Hüftbewegungen tabu. Daneben schufen die Legionen von Amateur- und Berufstänzerinnen einen orientalischen Tanz, der die gängigen Orient-Phantasien befriedigte, ohne allzu viele Leute zu beleidigen. Colette hat solche Tänze in Kaffeehauskonzerten und auf Gesellschaften vorgeführt und uns einige fein skizzierte Studien ihrer Erfahrungen hinterlassen.

Colette wuchs in einer Zeit auf, in der sich die Rolle der Frau veränderte. Im Laufe ihres Lebens wandelten sich die Frauen aus dekorativen Puppen zu den aktiven, kurzberockten Karrieremädchen und Backfischen der 20er Jahre. Die Mode veränderte sich dramatisch. Die einengende Kleidung, die jede freie Bewegung des Körpers unmöglich machte und zu Krankheiten und Deformationen führte, verschwand zugunsten anmutiger und fließender Kostüme, die von dem neuen Tanz inspiriert worden waren.

Mode, Kunst und Lebensstil bedingen sich gegenseitig. Entwicklungen in einem dieser Bereiche verlaufen selten isoliert, sondern werden von den anderen angeregt und beeinflussen diese ihrerseits. Eine der Veränderungen jener Zeit betraf den Status der öffentlich auftretenden Künstlerinnen. Colette, die auch in Music Halls auftrat, um nach der Scheidung von ihrem ersten Ehemann finanziell unabhängig zu werden, war sich völlig im klaren darüber, daß sie in den Augen der Welt jede Würde verloren hatte. Sie habe, so sagte sie, den »Beruf der Berufslosen« ergriffen. 1906 schrieb sie (mit ironischem Unterton, wie man vermuten darf) in einem Brief an einen Freund, dem sie für ein Bücherpaket dankte, daß sie die Absicht habe, die Korrespondenz abzubrechen, denn es würde ihn beschämen, daß sie auf der Bühne auftrete. Mit dem ihr eigenen Humor fügte sie hinzu, wie er sehen könne, wisse sie, wo ihr Platz sei.

Berufsmäßiges Tanzen war damals eine Domäne des Balletts und der Music Hall. Die meisten jungen Mädchen trieb Armut auf die Bühne. Sie kamen aus hoffnungslos elenden Elternhäusern und wurden dann bald die wichtigsten Ernährer der Familie. Seit der Mitte des 19. Jahrhunderts traten Kinder in Pantomimevorführungen als Tänzer auf. Es waren unterernährte Würmchen mit strapaziösen Arbeitszeiten, die für die erwachsenen Mitglieder der Truppe auch noch Dienste als Träger leisten mußten. In ihrer freien Zeit hatten sie ihre Füße in einem merkwürdigen Marterinstrument, das die Zehen strecken sollte, so daß sie eine Linie mit dem Bein bildeten.

Später, wenn sie Mitglieder des corps de ballet geworden waren, war es sicher nicht leicht, den finanziellen Schmeicheleien der Aristokraten und Geschäftsleute zu widerstehen, die am Bühnenausgang herumlungerten und ihnen ihre Fürsorge anboten.

Obwohl das Ballett – ein Tanz, der sich aus dem höfischen Vergnügungszeremoniell des 16. Jahrhunderts herleitet – sogar Könige entzückte, galt die Moral der meisten Ballerinen als zweifelhaft. Im 19. Jahrhundert wurden einer englischen Tänzerin nur aufgrund ihres Berufes die Sakramente verweigert. Lange hatte die Bühne als ein Ort der Ausschweifungen gegolten. Und das fiel auf alle zurück, die auf der Bühne standen, wie auch immer ihr persönliches Leben aussah. Die gefeiertsten Kurtisanen des 19. Jahrhunderts benutzten das Theater als ihr Schaufenster, und ihre weniger arrivierten Schwestern zogen die Aufmerksamkeit dadurch auf sich, daß sie im hinteren Foyer auf und abstolzierten.

Es hat immer Unterhaltungskünstler gegeben, die durch ihr Können über den allgemein niedrigen Status ihres Berufes hinausgelangten, Virtuosen, die von den herrschenden Klassen überall umworben und als Gleichgestellte behandelt wurden. Doch für die Mehrheit galt das nie.

Eine Ballerina wurde eher wegen ihrer Schönheit und Lebhaftigkeit engagiert als wegen ihres Könnens. Wenn sie tanzen konnte, um so besser, aber das war von geringer Bedeutung. Ihre Hauptaufgabe bestand darin, gut auszusehen, zu lächeln und – dem langsamen

Notenblätter, Titelseite. 1922.

Westliche Phantasiedarstellungen des orientalischen Tanzes. 1900–1920. Fotografien. Sammlung *Arabesque*, New York.

Danseuse égyptienne.

Höherrutschen der Röcke im Laufe des 19. Jahrhunderts entsprechend – ihre Beine zu zeigen. Die Schicklichkeit der Kleidung der Ballerinen war ein ständig diskutiertes Thema. Während die Brüste offen gezeigt wurden, blieben die Beine lange verhüllt. Erst als nach der französischen Revolution an der Pariser Oper fleischfarbene Trikots eingeführt wurden, begann die Enthüllung des Beines. In der Folgezeit verlangte ein Dekret des Papstes, daß die transparenten Strumpfhosen an Theatern unter päpstlicher Jurisdiktion blau zu sein hatten, um kein Fleisch zu suggerieren und lüsterne Gedanken zu wecken. (Aus eben diesem Grund wurden im viktorianischen England sogar die Beine von Klavieren verhüllt.)

Die Beine waren das Wichtigste beim westlichen Tanz und das Hauptobjekt erotischer Betrachtung. Am leidenschaftlichsten wurde der Kult des Beines in Frankreich betrieben, wo er seine Apotheose im Can-Can fand, einem Tanz, der in England verboten war. Wenn eine Burlesque-Tänzerin in Amerika versuchte, Can-Can zu tanzen, und dabei ihr Bein höher als 30 Zentimeter warf, begann das gesamte Publikum »Whooooo« zu brüllen, und die Show wurde zum Stadtgespräch.

Neben dem Ballett und der Oper, die auch kurze Tanz-Sequenzen zeigte, um Abwechslung ins Programm zu bringen, gab es den Theatertanz der Music Halls. Die Künstlerinnen dort waren weniger geschult als die Ballettmädchen, mit denen sie aber im allgemeinen in einen Topf geworfen wurden. Die Music Hall- oder Vaudeville-Show war eine Mischung aus satirischer Revue, Operette und Schauspiel, mit Tanzeinlagen, die das Ballett parodierten.

In Amerika kannte man das Ballett nur durch Gastspiele europäischer Tanztruppen. Tanz im Theater, das bedeutete dort die »jigs«, »reels«, »skirt dances« und »high kicks« des Vaudeville, Tänze, die mit den Einwanderern aus England und Irland gekommen waren. Der arme Verwandte des Vaudeville war die Burlesque, die in den billigen Musikschuppen, den »honky tonks« und den verrufenen Kneipen entstanden war, wo sich Männer wie Frauen anzogen, um die Kunden zu ködern. (Frauen dafür einzusetzen war so gefährlich, daß man nicht einmal daran zu denken wagte.) Ein Burlesque-Künstler aus jener Zeit erinnert sich, daß es damals Frauen gab, die die Straßenseite wechselten, wenn sie in die Nähe eines Burlesque-Theaters kamen.

Nach der Great Columbia Exposition 1893 und dem Auftritt Little Egypts wurde der *Hoochie Koochie* ein Bestandteil der amerikanischen Burlesque. Er wurde als Höhepunkt der Show angekündigt und kam als die große Attraktion am Schluß der Vorstellung. Eine dieser *Hooch*-Tänzerinnen war die »unbeschreiblich freimütige« Millie de Leon:

Sie zuckte von den Knien bis zum Hals. Jeder Muskel offenbarte primitive Emotion. Plötzlich stand sie ganz gerade und enthüllte mit einer flinken Bewegung ihr nacktes rechtes Bein vom Knie fast bis zur Hüfte. Ein Spreizschritt nach rechts, ein langer Schritt zurück, und dann begann der »Unterleibs«-Tanz erneut... ihr Gesicht war von Schweiß überströmt und sah wie das einer Epileptikerin aus. Sie biß sich auf die Lippen, rollte ihre Augen und zerrte wild an den großen Locken ihrer schwarzen Haare. Unbeschreibliche Geräusche und laute Ermunterungen vermischten sich mit dem heißen Atem des Publikums. Eine der nur sechs anwesenden Frauen zischte. Das Gelächter wurde zum Tumult. Und dann stieß Millie de Leon einen kleinen Schrei aus, der eher wie ein Kläffer klang, und verschwand.[62]

Vaudeville-Tänzerinnen dieser Zeit wurden oft Millie genannt, nicht weil das ihr Name war, sondern weil das Publikum kein Französisch konnte und die Abkürzung von Mademoiselle für einen Vornamen hielt. Ein anderer populärer Name war Fatima, ebenso wie Kishka, Poupik und weitere englische Übersetzungen jüdischer Wörter für Nabel und andere Körperteile.

Hoochie Koochie wurde zum Inbegriff des schamlosen Tanzens. 1893 riß der Burlesque-Tänzerin Rose Sydell mitten in einer Nummer der Schulterträger, und sie wurde mit einem Vertreter der Wach- und Schließgesellschaft, der als Zeuge gegen sie aussagen sollte, vor das Magistratsgericht gebracht. *Hoochie Koochie* galt so sehr als Synonym für Sündhaftigkeit, daß es für die Anklage ausgemacht war, daß Rose Sydell diesen Tanz aufgeführt hatte, als ihr Träger riß. Dabei war sie überhaupt keine *Kooch*-Tänzerin. Der Richter fragte den Zeugen nach Einzelheiten ihres Auftritts:

»Also, sie wackelte mit dem Unterleib.«
»Was genau meinen Sie damit?«
»Sie bewegte den Unterleib auf verschiedene Arten.«
»Wären Sie so nett, uns das zu zeigen?«
»Also erst hat sie so gemacht und dann so...«
und als ob er vergessen hätte, wo er war, stand der alte

Türkische Zigarettenpackung. Um 1910. Sammlung *Arabesque*, New York.

Mann auf und begann zu wackeln und sich zu krümmen und alle möglichen Arten von Verrenkungen vorzuführen. Der Gerichtssaal brüllte vor Vergnügen.[63]

Das Verfahren wurde eingestellt.

Der Einfluß von Little Egypt reichte bis in die 20er Jahre, als nach den Verwüstungen des Ersten Weltkriegs der Tanz zur beliebtesten Form der Geselligkeit wurde. Die Menschen tanzten, als seien sie besessen und feierten die Rückkehr zur Normalität nach einem Krieg, der keinem bisher dagewesenen glich. Zwei der Tänze, nach denen alle verrückt waren, hießen Charleston und Shimmy. Der Charleston stilisierte Bewegungen aus dem Film *Fatima's Dance:* Ein Sprung zur Seite, Wackeln mit dem Hintern und dann ein Sprung auf die andere Seite. Das galt als das Äußerste an zweideutigen Bewegungen, bis der Shimmy kam. Auch dieser Tanz war von Little Egypt und ihren Zeitgenossinnen inspiriert, und seine Grundfigur war ein heftiges Schütteln der Schultern. Charleston- und Shimmykostüme hatten lange Fransen, die das Schütteln des Körpers noch mehr hervorhoben.

Neben dem Vaudeville und der Burlesque gab es den amerikanischen Tanz um die Jahrhundertwende auch bei Schauspielen mit dem Namen »extravaganza«. Das war eine verschwenderisch ausgestattete Mischung aus Oper, Musical, Pantomime und blendenden Bühneneffekten. 1892 sah ein 13jähriges Mädchen eine dieser »extravaganzas« in einem Vergnügungspark von New Jersey. Es hieß Ruth Denis (später, als sie Schauspielerin in einem kleinen Tournee-Theater wurde, sollte sie ein »Saint« zwischen Vor- und Nachnamen einfügen). Die »extravaganza«, die sie als junges Mädchen sah, trug den Titel »Ägypten durch die Jahrhunderte« und komprimierte Tausende von Jahren ägyptischer Geschichte in eine Pantomimevorführung, die mit neumodischem, elektrischem Licht beleuchtet wurde. Es war eine Mischung aus Tatsachen und Phantasie und warb mit »Schlangenfressern, Almees, Gavazies, Zigeunern und Jongleuren«; auch mit einem »Großen orientalischen Ballett«, bei dem mehrere Reihen junger Mädchen in Ballettschuhen und formiert auf und ab paradierten.

Ruth St Denis war gefesselt von diesem Versuch, ein antikes Land wiedererstehen zu lassen. Sie behielt ihn fest im Gedächtnis. Jahre danach, als sie ihren Lebensunterhalt mit der Schauspielerei bestritt, tauchte die

Seite 123:
Bilder von Tänzerinnen nach orientalistischen Gemälden (u. a. nach Leopold Carl Müllers Ghaziya (siehe Kap. 3). 1910. Postkarten. Privatbesitz.

Ruth St Denis in ›Die Cobra‹. Um 1906. Fotografie.

Erinnerung daran wieder auf. Sie saß mit Freunden in einer Bar, als ihr Blick auf ein Plakat fiel, das für »Zigaretten der ägyptischen Gottheit« Reklame machte. Das Plakat zeigte eine barbusige Göttin, die mit den Händen auf den Knien und mit geschlossenen Augen in einer meditativen Pose vor dem Portal eines Tempels saß. Die Position entsprach der einer ägyptischen Mumie, aber Gesicht und Körper gehörten einer gesunden, jungen, amerikanischen Frau. St Denis erinnert sich, daß sie von diesem Bild und dem Geheimnis, der königlichen Weiblichkeit und versteckten Macht, die es suggerierte, wie hypnotisiert war. Gedanken an die Antike und an die Spiritualität alter Zivilisationen schossen ihr durch ihren Kopf. Sie erkannte, daß sie nicht eine kleine Schauspielerin in irgendeiner Theatertruppe sein konnte, sondern daß sie unabhängig werden mußte; und sie beschloß vor allem, mehr Tänzerin als Schauspielerin zu sein.

Ruth St Denis war Autodidaktin wie die anderen Solotänzerinnen auch, die jenen Tanz schufen, der als Interpretationstanz bekannt wurde. Es war eine Tanzform, die sich anfangs in Europa ausbreitete, aber weitgehend von einer kleinen Gruppe ungewöhnlich schöpferischer Amerikanerinnen erfunden worden war. Diese jungen Frauen aus guten, aber verarmten Familien verband eine Kühnheit und Unabhängigkeit, die den Europäerinnen fehlte.

Wie Isadora Duncan vor ihr hatte auch Ruth St Denis ihre eigene Vision eines neuen Tanzes und war nicht bereit, den schlechten Ruf ihres Berufes einfach hinzunehmen. Der Tanz, den sie sich vorstellte, war nicht für die Vaudeville-Bühne bestimmt (obwohl sie ihn am Anfang ihrer Karriere dort aufführte), sondern für die Welt der Kunst. Ihre wichtigste Inspiration holte sie sich aus dem Osten oder aus ihrer eigenen besonderen Sichtweise des Ostens. Sie baute ihre Arbeit auf den verschwenderisch ausgestatteten Aufführungen der Zeit auf und drückte ihre Ideen mit ähnlichen Tableaux aus. Doch um ihr Stück »Egypta«, das von jener Zigarettenreklame angeregt worden war, auf die Bühne zu bringen, mußte sie wegen der hohen Kosten bis 1910 warten. Erst dann war der »exotische« Tanz so populär geworden, daß überhaupt jemand bereit war, das nötige Geld hineinzustecken. »Egypta« bestand aus fünf Tableaux: Anrufung des Nils, der Palasttanz, der Schleier der Isis, der Tagestanz und die Halle des Gerichts. In jeder Szene traten Höflinge, Sklavenmädchen, Soldaten und andere Komparsen auf, die alle von Ruth St Denis unterwiesen wurden. Sie selbst erschien als die zentrale Figur jeder Szene, gekleidet in eine halbdurchsichtige, plissierte Tunika und mit einer Perücke, die mit Muscheln und Perlen besetzt war. Ihre Augen hatte sie wie auf pharaonischen Fresken mit dicken Strichen umrandet.

Ruth St Denis folgte der Tradition des Theaters als Spektakel und brach gleichzeitig auch damit. Der Tanz von Ruth St Denis betonte die spirituelle Dimension menschlicher Erfahrung: mit der Darstellung von Festen heidnischer Religionen, rituellen Zeremonien und mit der Erforschung der Vorstellungen von weiblichen Gottheiten, ein Thema, das immer wieder in ihrer Arbeit auftaucht. Ihr innerstes Anliegen war, die Zivilisationen des Ostens einem amerikanischen Publikum nahezubringen, dem diese Kulturen so fern lagen wie das Königreich im Märchen. Am Anfang ihrer Karriere kannte sie den östlichen Tanz nur von einer Hindu-Schauspieltruppe in Coney Island. Doch das genügte ihr. Ihren Ansatz faßte sie in ihrer Autobiographie zusammen: »Jede Technik ist ausreichend, wenn sie den beabsichtigten Gedanken des Künstlers richtig ausdrückt und offenbart.« Sie las alles, was es zu ihrem Thema gab, und fragte ihre Freunde und Bekannten aus dem Orient ununterbrochen über jeden Aspekt ihrer Kultur aus. So nahm ihr Stil nach und nach Gestalt an.

Wie bei Isadora Duncan stand auch Ruth St Denis selbst und nicht der Tanz im Mittelpunkt des Auftritts, auch wenn sie die Bühne mit Szenenbildern und Schauspielern füllte. Ihre erste Arbeit, die durch indische Traditionen angeregte Radha, war ein Zyklus von Tänzen mit dem Titel »Das Delirium der Sinne«. Ein solches Fest des Körpers war zu dieser Zeit im westlichen Tanz neu, ebenso ihr Kostüm: ein fleischfarbenes Trikot mit Schmuck. Der Radha-Zyklus beschwor der Reihe nach jeden einzelnen Sinn. Sie küßte ihre Fingerspitzen, atmete den Duft von Blumen ein und drückte sie an ihre Brust; sie streifte sich Fingerzimbeln an und spielte sie, wobei sie den Kopf neigte, um ihren Klang besser genießen zu können; schließlich band sie sich einen goldenen Rock um, beugte ihr geschmeidiges Rückgrat langsam nach hinten und warf sich in einen Wirbel kreisender Bewegungen, um endlich gleichsam bewußtlos zusammenzubrechen.

Orientalische Schönheit. (Nach einem Gemälde von C. V. Muttich). Postkarte. Sammlung *Arabesque,* New York.

Ruth St Denis und Ted Shawn. Um 1910. Fotografie. BBC Hulton Picture Library, London.

Die amerikanische Tänzerin La Meri führt einen Tanz des Maghreb vor. Um 1930. Fotografie. Sammlung *Arabesque,* New York.

Agnes De Mille als Ouled Nail Tänzerin. Nach 1920. Fotografie. Sammlung *Arabesque,* New York.

In ihren Memoiren erinnert sie sich, daß die Wellenbewegungen ihrer Arme immer wieder zu Spekulationen Anlaß gaben:

Ich streckte meine Arme auf Schulterhöhe aus und hob und senkte sie dann in feinen, wellenartigen Bewegungen, die zwischen den Schulterblättern begannen und sich bis in die Finger und über sie hinaus fortzusetzen schienen. In der »Cobra« gaben die Arme die Wellenbewegungen des Schlangenkörpers wieder. Nach meinem Cobra-Tanz sahen wir immer wieder Frauen, die im Orchestergraben oder hinten in ihren Logen heimlich die Windungen des Schlangentanzes übten.[64]

Als sie in Deutschland auftrat, wurde sie eines Abends in ihrem Umkleideraum von vier Professoren der Anatomie besucht, die begierig darauf waren, die berühmten Wellenbewegungen aus der Nähe zu betrachten. Ausgesprochen amüsiert zog Ruth St Denis zuvorkommend den Schal von ihren Schultern. Als sie ihre Arme bewegte, machten sich die Professoren daran, sie von der Schulter bis zum Handgelenk zu beklopfen:

Sie redeten alle auf einmal und riefen in unterschiedlichen Tonlagen: »Das ist wunderbar! Sie hat keine Knochen. Es hört überhaupt nicht auf. Es geht immer weiter!« Schließlich, nach weiterem Beklopfen und noch mehr Untersuchungen, schlugen sie die Hacken zusammen und verbeugten sich unter vielen Beteuerungen ihrer Verblüffung und Fassungslosigkeit.[65]

Als Kind ihrer Zeit schuf Ruth St Denis zusammen mit ihrem Tanz auch ihren persönlichen Mythos. Wie andere amerikanische Kolleginnen wurde sie im eigenen Land erst anerkannt, nachdem sie in Europa gefeiert worden war. Auch wenn ihr Vaudeville keinen Spaß machte, anfangs arbeitete sie dort, eingeklemmt zwischen Affen und Feuerschluckern. Erst später war sie erfolgreich genug, um eine passendere Bühne für ihre Arbeit zu finden.

Sie war es, die dem europäischen und amerikanischen Publikum zum erstenmal eine Vorstellung vom orientalischen Tanz vermittelte. Später gründete sie die Denishawn-Schule in Kalifornien, wo Hollywoods Stummfilmschauspielerinnen die Grundelemente des Tanzes lernten. In jenen frühen Filmen der 20er und 30er Jahre mit ihren biblischen Heroinen und den Chören babylonischer Tanzmädchen finden wir einen Widerschein von Ruth St Denis und ihren Ideen.

Kein Künstler arbeitet im Vakuum. Die Sensibilität für zeitgenössische Strömungen ist ein entscheidender Faktor, wenn die Kunst neue Richtungen einschlägt. Der Fortschritt der Technik und die Ausbreitung der Industrialisierung bedeutete für Amerika wie für Europa neuen Reichtum. Die Mittelschicht konnte sich in zunehmendem Maße neuartige Konsumgüter leisten. Der Ausbau des Eisenbahnnetzes, die Erfindung des Telegraphen und des Automobils halfen dabei, die Probleme der Kommunikation über weite Entfernungen zu überwinden. Die Einführung der elektrischen Glühbirne bedeutete, daß man nicht mehr durch den natürlichen Rhythmus von Tag und Nacht eingeschränkt war. Gleichzeitig begann Sigmund Freud, an einer anderen Front die dunklen Winkel der menschlichen Psyche auszuleuchten.

Diese revolutionären Veränderungen, die in rasender Geschwindigkeit aufeinander folgten, spiegelten sich in den Künsten lange Zeit kaum wider. Statt eines neuen Stils wurden dem Publikum Remakes früherer Kunstformen angeboten, man schaute zurück auf die goldene Vergangenheit. Das änderte sich mit dem Auftreten der Art nouveau in den 80er Jahren. Art nouveau war ein Ausdruck seiner Zeit, der erste Stil, der seine Wurzeln nicht in der europäischen Geschichte suchte, sondern weitgehend Anleihen von der orientalischen Kunst nahm. In diesem Zusammenhang wird oft Japan erwähnt, doch die Künstler der Art nouveau wurden in gleichem Maße auch von der islamischen Tradition beeinflußt. Wie im 16. gewann die islamische Kunst auch im späten 19. Jahrhundert wichtigen Einfluß auf den dekorativen Stil Europas. In der Form wie in der Inneneinrichtung zeigten die »Paläste«, die für die großen Ausstellungen errichtet wurden, den Einfluß der islamischen Kunst.

Owen Jones, der sich bei seiner Gestaltung der Inneneinrichtung des Londoner Crystal Palace von der zarten Farbgrundierung der Alhambra anregen ließ, lobte die Beständigkeit der Qualität des islamischen Designs, während die Europäer ständig nach Neuem suchten. Rhythmische, fließende Linien, ein wesentliches Merkmal des islamischen Designs, wurden zum Markenzeichen der Art nouveau, die statt gerader Linien geschwungene, verlängerte Kurven bevorzugte. Die Art nouveau suchte ihre Anregungen vor allem in der Pflanzenwelt. Sie nahm das Ranken der Vegetation als Inspiration für ihre übertriebenen, stilisierten Bewe-

Erté. *Junge Sklavin in ›Legendäre Könige‹*. 1919. Kostümentwurf. Privatbesitz.

Erté. *Orientalisches Tanzkostüm für die Folies Bergère. 1920*. Kostümentwurf. Privatbesitz.

gungswirbel. Auch lange Haare und der weibliche Körper inspirierten die Künstler.

Die viktorianische Frau war eine kräftig gepolsterte, aber auch provokante Erscheinung, die mit ihrer schwingenden Krinoline beim Gehen ab und zu einen Blick auf ihre lange weiße Unterwäsche gewährte. Die Mode um die Jahrhundertwende gab den Frauen zwar eine anmutige Figur, war aber gleichzeitig eine ziemlich unheilvolle Art von Panzerung. Porträts aus dieser Zeit zeigen Frauen oft im Profil, um so die ideale weibliche Figur darzustellen. Wir sehen eine Frau, die mit durchgedrückten Schultern und herausragendem Gesäß einen schlangenartigen Körper präsentiert, der völlig mit jenen übertriebenen Art nouveau-Kurven übereinstimmt. Und wenn der auf der Erde schleifende Rock auch elegant aussehen mochte, so schleppte er doch jede Menge an Schmutz und Bakterien mit. Die Wespentaille – manchmal nur unglaubliche 33 Zentimeter – wurde mit Korsetts erreicht, die den Körper regelrecht in zwei Teile schnitten. Colette berichtet von einer Schauspielerin, die jede sitzende Rolle ablehnte und die gezwungen war, den ganzen Abend, selbst während der Pausen, zu stehen, weil ihr Korsett es ihr unmöglich machte, in die Hocke zu gehen. Es war am Rücken und an den Schenkeln mit eisernen Stäben verstärkt, die zwischen den Beinen zusammengehalten wurden und von der Achselhöhle bis kurz übers Knie liefen.[66]

Es wird niemanden überraschen, daß diese Korsetts dem Körper ungeahnte Pein zufügten, die Rippen deformierten, die inneren Organe bedrängten und auszehrten und die Leber in zwei Teile zu schneiden drohten. Es gab sie schon für Dreijährige. Ein amerikanischer Arzt, der eine Klasse von Schulmädchen untersuchte, von denen zwei Drittel Korsetts trugen, entdeckte, daß keines von ihnen in der Lage war, die Arme über den Kopf zu heben.

Das Grollen einer Revolte gegen diese Mode war seit der letzten Jahrhundertmitte zu spüren gewesen. Immer wieder hatte es Versuche gegeben, praktischere und »hygienischere« Kleidung zu entwerfen. Ein frühes Experiment, die »bloomers« (erfunden von der New Yorker Postbotin Amelia Bloomer), war nach einem orientalischen Operettenkostüm geschneidert und bestand aus einem Leibchen und einem knielangen Rock über weiten türkischen Pumphosen. 1898 kam in Deutschland ein »New Yorker Reform-Kleid« auf den

Markt. Es hatte einen hohen Kragen, keine Taille und lange weite Ärmel bis zum Handgelenk. Doch dieses Kleid, das auf einem Kleiderreformkongreß vorgeführt wurde, beflügelte die Phantasie nicht, obwohl ein Tanz demonstrieren sollte, wieviel leichter sich der Körper in einem solchen Gewand bewegte. Es war zwar praktisch, doch weder schmeichelhaft noch elegant.

1906 entwarf Paul Poiret ein Kleid, das mit einer neuen Art Gummikorsett getragen werden sollte. Dieser Kostümstil, das Resultat jahrelanger Suche nach einer akzeptablen Reformkleidung, war durch das antike Griechenland über den Umweg Isadora Duncan inspiriert. Poiret war ein Bewunderer der Arbeit der Duncan. Wie sie erkannte er, daß die Schultern und nicht die Taille der natürliche Stützpunkt im Körper sind. Poirets Kleider schmeichelten nicht nur dem Körper, sie ließen ihn auch höchst anmutig erscheinen und erlaubten der Frau, frei zu atmen. Es dauerte nur wenige Jahre, bis andere Couturiers Poirets Beispiel folgten und Kleider entwarfen, die unter der Brust zusammenliefen und deren gefaltete Rückseite eine klassische, fließende Linie bildete. Die Modeschöpfer fingen an, ihre neuen Kreationen in der Terminologie des Tanzes zu beschreiben, jener Kunst hinter der Frau des 20. Jahrhunderts, die nun die Bühne betrat.

Befreit vom harten Korsett aus Walfischknochen, konnte der Körper die schlangenartigen Bewegungen des orientalischen Tanzes um ein geschmeidiges, wellenförmiges Rückgrat vollführen. Es gab verschiedene Gründe für seine wachsende Popularität. Zum einen war er eine wesentliche Form des Selbstausdrucks. Damit traf er den Geist einer Zeit, in der die Künste zunehmend zu Subjektivität und zur Beschwörung von Stimmungen und Gefühlen neigten. Und er war nicht nur eine Solokunst, die keinen Partner verlangte, sondern versprach auch Geheimnis und verborgene Sinnlichkeit, was Frauen wie Männer gleichermaßen anzog.

Eine Art, diese geheimnisvolle Lockung auszudrükken, war die Benutzung des Schleiers, jenes allgegenwärtigen Symbols der östlichen Frauen. Die Art nouveau-Künstler liebten den Schleier, und er wurde ein wichtiger Bestandteil der Kostümierung jener zahllosen Interpreten von Exotik, die nun auf extravaganten Festen und öffentlichen Bühnen auftauchten.

Gertrude Vanderbilt Whitney nahm Unterricht bei Ruth St Denis und war eine der bekanntesten (und der ersten) amerikanischen Frauen, die orientalischen Tanz

Paul Poiret. *Entwurf für ein persisches Ballett.* Plakat.

Seite 128, oben:
Raoul Larche. *Schleiertanz, angeregt von Lois Fuller.* Um 1890. Art nouveau-Figur. Privatbesitz.

Seite 128, unten:
George Woodall. *Serpentina.* Um 1895. Geschnitzte Cameo-Vase. Privatbesitz.

Seite 131:
Colette. 1910. Fotografie. Sammlung Roger Viollet, Paris.

Barrias. *Junges Mädchen aus Bou Saada.* Um 1900. Vergoldete Bronzefigur. Privatbesitz.

aufführten. Es war eine Sensation auf feinen Gesellschaften, wenn die Gastgeberin selbst einen Auftritt improvisierte. Häufiger allerdings wurden professionelle Tänzerinnen und Musiker engagiert, um bei solchen orientalischen Soireen aufzutreten. 1911 veranstaltete Poiret einen arabischen Ball. Es war ein großes Ereignis, bei dem er seine Gäste mit persischen Liedern begrüßte und diejenigen, die nicht die passende Kleidung anhatten, einlud, sich aus seiner Sammlung persischer Kleider etwas für diesen Abend auszusuchen. Derweilen las der Schauspieler Edouard de Max im großen Salon Geschichten aus *Tausendundeine Nacht* vor.

In ihrem Roman *La Vagabonde* beschreibt Colette ein Fest, auf dem sie als Tänzerin auftritt.

Ich lege mit der einen Hand, die vor Nervosität zittert, den Schleier um mich, fünfzehn Meter dunkelvioletten Schleier, der mein ganzes Kostüm ist.
Ein kurzes Vorspiel erweckt den blauschillernden Schmetterling, den ich darstelle, und löst mir langsam die Glieder. Nach und nach wird der Schleier loser, bauscht sich, flattert und fällt zu Boden. Nun sehen mich alle. Und um mich besser betrachten zu können, haben sie sogar ihr endloses Geschwätz unterbrochen.[67]

Colette erwarb sich einen gewissen Ruhm dadurch, daß sie in einer Music Hall-Revue barbusig auftrat. Denn daß sie ihren Körper enthüllte, war eine Ausnahme. Die meisten Tänzerinnen trugen fleischfarbene Trikots, um nackt zu erscheinen. Diese Trikots reichten vom Hals bis zu den Knöcheln und waren mit verschiedenen Tüchern und mit Schmuck verziert. Colette zitiert einen Music Hall-Künstler:

Eine Nackttänzerin ist immer so ein bißchen was Ägyptisches, das bedeutet einen gut zehn Pfund schweren Gürtel aus getriebenem Metall, Brustplatten, ein Höschen aus Gitterstoff mit Perlen, Halsketten bis da hinunter und Schleier ohne Ende . . .[68]

Aber auch in dekorierten, fleischfarbenen Trikots aufzutreten war ein kühnes Unterfangen in jenen Tagen, als – wie nicht vergessen werden sollte – schon der bloße Anblick der nackten Beine und Füße Isadora Duncans einen öffentlichen Skandal hervorrief.

Wie war Colette als Tänzerin? Ein Kritiker hielt sie für die originellste der Miminnen, für die spontanste und die, die am meisten Unruhe stiftete. Nach Meinung eines anderen war sie schwerfüßig und hatte keinerlei Gefühl für choreographische Dramaturgie. Seine Kritik endet mit der Bemerkung:

Es gab viel Ignoranz und Dünkel, was die Tanzkunst betrifft, eine Kunst, die letztlich doch ein bißchen schwerer ist, als mit einem Springseil zu spielen. Doch dies waren kindliche und wenig durchdachte Aufführungen.[69]

Eine Reihe von Tänzerinnen behauptete, aus dem Orient zu stammen, um glaubwürdiger zu erscheinen. Eine von ihnen war Mata Hari, die beträchtlichen Erfolg als orientalische Tänzerin hatte und in ihrer besten Zeit als *la femme la plus célèbre d'Europe* bekannt war. Colette, die ein scharfes Auge (und eine noch schärfere Feder) hatte, wenn es um die Absurditäten der Orient-Tanz-Manie ging, fertigte Mata Hari in wenigen Worten ab. Doch eine andere Kritik stellte sie sogar über Isadora Duncan:

Worte mögen eine Vorstellung von der Schönheit und Poesie ihres Tanzes geben, aber nichts, was nicht selbst lebt, kann das Gefühl beschreiben, das die Tänzerin auslöst, weder die Farbe noch die Harmonie der östlichen Gestalt: eine tropische Pflanze, die mit all ihrem Reichtum auf den nördlichen Boden verpflanzt wurde.[70]

Mata Hari behauptete, von einer Tempeltänzerin aus dem Fernen Osten abzustammen. Um ihre Kritiker noch weiter zu verwirren, stellte sie ihre Darbietung als einen »heiligen Tanz« vor, den sie in eben dem Gebiet gelernt habe, wo der Tempel ihrer Mutter liege.

1905, als sie in Paris ihre ersten Erfolge feierte, traf sie Emile Guimet, einen führenden Orientalisten der Zeit. Er war gebildet genug, um zu erkennen, daß sie in jeder Hinsicht eine Betrügerin war; aber sein Geschäftsinstinkt ließ ihn doch auf eine Frau setzen, die daran war, sich einen Namen in der großen Gesellschaft zu machen. Er bot ihr an, sich aus seiner Sammlung von orientalischer Seide und Schmuck etwas für eine Aufführung herauszusuchen, die er in seinem Antiquitätenmuseum organisierte.

Bei dieser Aufführung wurde kein Detail übersehen. Selbst für intime Beleuchtung wurde gesorgt: rote Kerzen, die überall im Raum hinter Glasscheiben aufgestellt wurden. In diese Atmosphäre, geschwängert von schwerem Duft, trat Mata Hari. Leichtfüßig schritt sie über die Rosenblätter, die auf dem Boden verstreut waren. Ihr Auftritt war ein Triumph, und man über-

Edmund Dulac. *Morginana, die Heldin aus ›Ali Baba und die vierzig Räuber‹, aus 1001 Nacht.* Buchillustration.

schüttete sie mit Angeboten, auf privaten Festen zu tanzen.

So begann ihre Karriere. Wäre sie umsichtiger gewesen und hätte die sich verändernden Zeiten besser eingeschätzt, hätte sie wohl die Tragödie ihres späteren Lebens vermieden. Aber Urteilskraft gehörte nicht zu ihren Qualitäten. Tanz war für sie ursprünglich ein Mittel zum Zweck, eine Art, sich den Lebensunterhalt zu verdienen, so, wie es andere Kurtisanen taten, die ihren Charme vor möglichen Gönnern spielen ließen. Nun jedoch, getragen vom Enthusiasmus des Publikums und begeisterten Kritiken, fing sie an, sich als ernsthafte Künstlerin zu sehen. Bei dem Versuch, Engagements in der angesehenen Welt der Oper und des seriösen Theaters zu bekommen, sollte sie immer wieder Schiffbruch erleiden.

Der Wunsch, in Diaghilevs Russischem Ballett aufzutreten, das damals auf dem Höhepunkt seiner Kreativität und seines Erfolgs stand, wurde für sie zur Obsession. Das Russische Ballett hatte den seltsamen Orientalismus der Art nouveau durch ein wildes und üppig farbiges Bild des Ostens ersetzt. Diaghilevs Ziel war das totale Theater, eine Synthese aus Musik, Drama und Bewegung. Obwohl er dabei jeden Bereich als wichtigstes Vehikel seiner Ideen hätte nehmen können, entschied er sich für den Tanz. Tanz war damals die ausgeprägteste aller Künste, der Mittelpunkt in einem ganzen Kaleidoskop kreativer Erfindungen. Baksts mehrschichtige und vielfarbige Kostüme für Diaghilevs Produktion von »Scheherazade« im Jahre 1910 trugen mit ihren halbdurchsichtigen Chiffons zu der öffentlichen Empörung bei, die dem Ballett entgegenschlug.

Aber der skandalumwitterte Ruf des Russischen Balletts basierte eher auf seiner Modernität und seiner offenen Haltung gegenüber Tabu-Themen, als auf dem gelegentlichen Vorzeigen nackten Fleisches. Vielleicht glaubte Mata Hari, daß sie den Ruf des Gewagten mit Diaghilevs Truppe gemeinsam hatte und daß sie Diaghilev schon aus diesem Grunde einiges zu bieten habe. Zufälligerweise war Gabriel Astruc der Agent von beiden. Astruc war sichtlich erstaunt, als Mata Hari ihren Wunsch äußerte, mit der Truppe zu arbeiten. Anfangs wollte Diaghilev von Astrucs Vorschlag, Mata Hari bei ihm vorspielen zu lassen, nichts wissen. Schließlich stimmte er zu, um Astruc einen Gefallen zu tun. Er hatte nicht die Absicht, sie zu engagieren. Da er wichtigere Dinge zu tun hatte, als einer Tänzerin, die er nicht haben wollte, beim Vorspielen zuzusehen, übergab er Bakst die Angelegenheit. Der amüsierte sich, so scheint es, auf Kosten von Mata Hari. Er bat sie, sich lieber auszuziehen, anstatt zu tanzen, und erst als er den berühmten Körper genußvoll betrachtet hatte, teilte er ihr mit, daß es für sie in der Truppe keinen Platz gebe.

Das war der Beginn einer langen Reihe von Demütigungen. Mata Hari erkannte nicht, daß sie ihre alte Anziehungskraft verloren hatte. Ihr anfänglicher Erfolg hatte eine Unmenge von Nachahmerinnen gefunden, jüngere und frischere Talente, mit gewagteren Ideen, die billig zu haben waren. Mata Hari, die sich bei ihren Erfolgen auf ihre Schönheit und die Neuartigkeit ihrer Auftritte verließ, mußte immer einen Schritt vor ihren Rivalinnen sein, und genau dies versäumte sie. Die Vorstellung, daß sie jemals in Diaghilevs Truppe gepaßt hätte, war nur eine ihrer vielen Fehleinschätzungen, die schließlich dazu führen sollten, daß sie unter Anklage der Spionage verhaftet und verurteilt wurde.

Zu glauben, das Russische Ballett könne ein Vehikel für ihre Talente sein, war entschuldbar, denn es befaßte sich schließlich auch mit dem Thema Orient. Scheherazade, Cleopatra und Salome waren in dieser Zeit allesamt Titelfiguren des Balletts – eine Reihe dunkler, mächtiger Heroinen, die mit Mata Haris angeblich heiligem Tanz des Ostens immerhin etwas zu tun hatten.

Wir können nicht in die Zeit zurückreisen und uns die Vaudeville-Künstlerinnen, Party-Tänzerinnen und Ballettmädchen dieser Ära ansehen. Doch ihr Einfluß ist noch in den frühen Hollywoodfilmen zu spüren, zu deren Lieblingsfigur die biblische Heroine, die Zauberin des Ostens zählte. Geschichten aus der Bibel boten vielfältige Möglichkeiten, den Unterhaltungswert durch Tanzeinlagen zu steigern. Cecil B. De Mille schob in seine Filme, selbst wenn sie in der Gegenwart spielten, häufig Rückblenden in die Antike ein. Diese Rückblenden sollten angeblich dazu dienen, die Sitten unterschiedlicher Kulturepochen miteinander zu vergleichen. Sie waren aber vor allem ein guter Vorwand für Szenen orgiastischer Schwelgerei. Und zu der gehörten nun einmal tanzende Mädchen.

Vor der Erfindung des Tonfilms verlangte das Kino von den Schauspielern einen anderen Stil als den der großen Gesten, wie ihn das Theater des 19. Jahrhunderts entwickelt hatte. Die Regisseure erkannten bald, daß es nötig war, eine neue Sprache für das Kino zu

Leon Bakst. *Bachanal.* Um 1900. Kostümentwurf für die Ballets Russes. Privatbesitz.

Aimé Stevens. *Anna Pavlova bei einem syrischen Tanz.* Pastell. Privatbesitz.

Junge Tänzerinnen aus Babylon in D. W. Griffiths ›Intolerance‹. 1916. Filmfoto. Museum of Modern Art, New York.

erfinden, eine, die auf der Körpersprache aufbaute. In den frühen Tagen des Films beruhte die Darstellung auf Gestik, Gesichtsausdruck, Ruhe und Bewegungsrhythmus; Tanzerfahrung wurde deshalb in Hollywood der Theatererfahrung vorgezogen.

Die Regisseure erkundeten, wie stark der sinnliche Tanz das Publikum auch ohne Worte fesseln konnte. Die meisten Schauspielerinnen, die D. W. Griffith einsetzte, waren ursprünglich Tänzerinnen gewesen. Er hatte die Kraft des Tanzes erkannt und benutzte ihn in seiner Arbeit als metaphorisches Element bei dramatischen Höhepunkten. In einer bekannten Szene aus *Intolerance* schwenkt die Kamera die Stufen von Babylon hinunter, wo viele Tänzerinnen (trainiert von Ruth St Denis) den Sieg der Stadt feiern – mit Bewegungen, die den pharaonischen Fresken nachempfunden sind. Nahaufnahmen auf den Stufen des Tempels von Ishtar zeigen die Liebesriten »heiliger Prostituierter hinter

Weihrauchschwaden und Sprühnebeln von Springbrunnen«.

Es entbehrt nicht der Ironie, daß der harmlose *Fatima's Dance* zensiert wurde, während in den frühen Hollywoodfilmen ein erstaunliches Maß an Nacktheit geduldet wurde und ein ständig wiederkehrendes Thema die westliche Phantasie über arabischen Tanz war. Der Geschmack, den das Publikum an Heroinen hatte, mag dabei von der reinen, viktorianischen Heldin zur *femme fatale* gewechselt haben, aber die meisten femmes fatales von Hollywood waren gesunde, heiratsfähige, junge Mädchen mit Lippen wie Rosenknospen. Und selbst wenn ihre Kostüme durchsichtig waren, so machten sie doch beim Tanz nie etwas so Unerlaubtes wie etwa stoßende Bewegungen mit dem Becken.

Der Film-Vamp Theda Bara, deren Name ein Anagramm des Wortes »Arab Death« (arabischer Tod) ist, war eine andere Art der *femme fatale:* eine Frau mit dunklem, brütenden Blick und schweren, mit Kohlestift umrandeten Augen. Sie war das frühe Beispiel eines Stars, der von der Werbeabteilung des Studios produziert wurde. In den Geschichten über sie ging es vor allem um das Fremde und Makabre. So wurde erzählt, sie sei im Schatten der Pyramiden geboren und mit Schlangenblut gesäugt worden; ihr Vater sei ein Wüstenscheich gewesen und einer ihrer Liebhaber habe in ihrer Garderobe Selbstmord verübt. Sie trug die Kleidung des Mittleren Ostens, gab vor, kein Englisch zu sprechen, und hatte einen nubischen Bediensteten, der sie in ihrer weißen Limousine spazierenfuhr.

Das Vamp-Kostüm war ein Vorgänger der heutigen Cabaret-Kostümierung: verzierte Brustplatten und ein auf den Hüften sitzender Rock, der so durchsichtig war, daß er den Blick auf die Beine freigab. Im Stile jenes schweren Symbolismus, wie ihn der Film in seinen Kindertagen so liebte, wurde das Schlangenthema in jeder nur möglichen Form benutzt; wir finden es sogar auf einem Paar besonders unbequem aussehender Brustplatten aus Metall in Gestalt zweier sich windender Schlangen, die eigens für Theda Bara angefertigt wurden.

Der Film-Vamp war nach dem Stereotyp der orientalischen Frau gezeichnet und seit der Jahrhundertwende en vogue. Doch dieses Bild der alles verschlingenden Frau erwies sich für die meisten Frauen als zu herzlos und nicht zur Identifikation geeignet. Mit der Zeit wurde es durch die *femme fatale* abgelöst, die Leid

Filmfoto ohne Titel um die Jahrhundertwende. Sammlung *Arabesque,* New York.

Theda Bara in ›Salome‹. 1918. Filmfoto. Museum of Modern Art, New York.

Seite 137:
John Reinhard Weguelin. *Herodias und ihre Tochter.* Spätes 19. Jahrhundert. Ölgemälde. Privatbesitz.

auf sich wie auf andere zog. Ihren dauerhaftesten Ausdruck fand diese Figur in Salomé, dem Archetypus der tanzenden Verführerin.

Am verwirrendsten zeigte sich der orientalische Kult in der Salomé-Manie von 1907 bis 1909. Während dieser zwei Jahre erschienen in der Oper und in den volkstümlichen Theatern reihenweise Salomés mit den dazugehörigen Pappmaché-Köpfen auf dem Teller. Bis dahin hatte Salomé wenig Eindruck auf die westliche Kultur gemacht. Sie war eine eher obskure biblische Gestalt, die meist namenlos in wenigen Zeilen abgehandelt wurde. Auch in der Kunst finden sich vor dem späten 19. Jahrhundert nur wenige Darstellungen von ihr.

Im Mittelalter hielt man den Tanz für ein Geschäft des Teufels und Salomé für seine Tochter. Wir finden sie in der Vorhalle der Kathedrale von Rouen, wo sie auf den Händen balanciert wie ein mittelalterlicher Marktschreier. Überhaupt richtet sich ihr Auftreten jeweils nach dem Stil der Zeit. So porträtiert sie Gustave Moreau in »Die Erscheinung« wie eine Ballerina, die auf ihren Zehenspitzen tanzt. Erst zur Jahrhundertwende tauchte sie aus dem Dunkel auf. Damals begannen die Frauen, ihre Freude am eigenen Körper öffentlich durch die Erotik des Tanzes auszudrücken.

Wie wir im ersten Kapitel gesehen haben, war Salomés Tanz ursprünglich eine Allegorie auf den Tod und die Wiedergeburt der Natur, in der sich der alte Glaube an die weibliche Zauberkraft der Fruchtbarkeit ausdrückte. Die biblische Überarbeitung dieses Mythos kehrt seine ursprüngliche Bedeutung um und macht aus Salomé ein Symbol der dunklen und zerstörerischen Kraft der Frauen.

Im 19. Jahrhundert beschäftigte sich Oscar Wilde in seinem Stück Salomé, das er in französisch schrieb, als erster mit diesem Thema. Das Stück erhielt in London keine Aufführungsrechte mit der Begründung, daß es englischen Bühnen verboten sei, biblische Charaktere zu porträtieren, und wurde deshalb erstmals 1896 in Paris gespielt. Die ersten Ideen Wildes zu dem Stück sind weitaus interessanter als die endgültige Fassung. Unter seinen abgelehnten Szenarios befindet sich eine keusche Salomé, die aus göttlicher Inspiration für Herodes tanzt, um ihre Religion zu beschützen. In ihren Augen ist Johannes der Täufer ein Betrüger, ein falscher Prophet, der den jüdischen Gott, den sie anbetet, bedroht.

Ein früher Entwurf des Stückes hat den Titel »Die Enthauptung Salomés«. In dieser Fassung wird Salomé von Herodes verbannt und geht in die Wüste, wo sie Jahre lang allein und verachtet lebt, sich in Tierhäute kleidet und von Heuschrecken und wildem Honig ernährt, so, wie es der Täufer getan hatte. Eines Tages, als sie einen gefrorenen See überquert, bricht sie ein und wird von den Eisschollen geköpft. Auf dem wieder zugefrorenen Eis sehen Vorübergehende ihren abgeschnittenen Kopf, umgeben von Rubinen wie die Staubgefäße einer Blume. Unglücklicherweise entschied sich Wilde schließlich gegen dieses wundervolle Art nouveau-Bild und die interessante Variation des religiösen Themas. In der Endfassung rächt sich Salomé am Täufer, weil der ihre Leidenschaft zurückgewiesen hat.

Wilde war ein großer Verehrer von Huysmans' Roman *A Rebours* (1884), der Bibel der Dekadenten, zu denen sich auch Wilde zählte. Huysmans' Held, der der Welt überdrüssige Des Esseintes, führt ein Einsiedlerleben. Er umgibt sich mit exotischen Dingen, die seine Sinne anregen sollen. Darunter befinden sich die beiden Salomé-Porträts von Moreau. Des Esseintes denkt lange über den Sinn der Geschichte nach. Für ihn ist Salomé immer schwer faßbar gewesen:

... verloren in einer geheimnisvollen Ekstase, weit weg in den Nebeln der Zeit, jenseits des Horizonts spitzfindiger Fußgänger... (von allen Künstlern gemieden), die es nie vermocht haben, das beunruhigende Delirium der Tänzerin und die subtile Größe der Mörderin zu erfassen.[71]

In Moreaus Porträts findet Des Esseintes die übermenschliche Figur seiner Träume. Besessen davon, die tiefere Bedeutung der Geschichte aufzudecken, untersucht er jedes Detail der Gemälde. Bei der Betrachtung der heiligen Lotusblüte, die Salomé zwischen ihren Brüsten hält, fragt er sich, ob diese Blume die Opferung der Jungfräulichkeit symbolisieren soll oder ob sie eine Allegorie der Fruchtbarkeit darstellt. Oder ist Salomé – und diese Erklärung scheint ihm am liebsten zu sein, denn er befaßt sich ausgiebig mit ihr – »die symbolische Inkarnation der unvergänglichen Lust, die Göttin der unsterblichen Hysterie ... eine wahre Hure, die ihrem leidenschaftlichen und grausamen, weiblichen Temperament gehorcht?«

Huysmans verwirft den Zusammenhang mit der Fruchtbarkeit ebenso wie Wilde seine erste Fassung, in

Seite 139:
Gustave Moreau. *Die Erscheinung.* Ölgemälde.
Gustave Moreau Museum, Paris.

der Salomé ihre Religion verteidigt. Es wäre verlokkend, darüber zu spekulieren, ob der Salomé-Kult sonst die Form angenommen hätte, die er schließlich bekam. Salomé wurde zum Archetypus der tanzenden Verführerin, und alle, die nach Wilde kamen, folgten seiner Fassung, bis hin zum Kuß, den sie auf den abgeschnittenen Kopf des Täufers drückt, der in einer Blutlache auf dem Silbertablett liegt. In der Strauss-Oper, die 1907 in der New Yorker Metropolitan Opera aufgeführt wurde, schlugen die Zärtlichkeiten, die Salomé dem abgeschnittenen Kopf zuteil werden ließ, »der Öffentlichkeit derart auf den Magen«, daß das Stück nach nur einer Vorstellung abgesetzt werden mußte.

Von der Oper gelangte Salomé ins Vaudeville und in die intelligenten Ziegfeld Follies. Gertrude Hoffman, eine talentierte Komikerin und Vaudeville-Tänzerin, wurde nach London geschickt, um Anregungen von Maud Allan zu holen, die monatelang am Palace-Theater spielte. Dort standen Leute in endlosen Schlangen an. (Ironischerweise trat Isadora Duncan nur ein paar Straßen weiter vor einem spärlichen Publikum auf.) Hoffmann kehrte nach New York zurück und trat zum erstenmal in ihrer Karriere nicht als Komikerin auf.

Sogar Ruth St Denis interessierte sich für die Rolle der Salomé, aber die dekadenten Interpretationen reizten sie nicht. Der Dichter Hugo von Hofmannsthal arbeitete an einer Fassung für sie, die vielleicht die interessanteste aller Salomés geworden wäre, doch wurde nichts daraus. Hofmannsthal glaubte, poetisches Empfinden im Theater könne durch Sprache allein nicht ausgedrückt werden; an gewissen Höhepunkten im Leben seien dramatische Körperbewegungen das einzige Mittel, um ein starkes Empfinden wiederzugeben. Er hinterließ Notizen, in denen er seine Ideen für Ruth St Denis' Salomé umriß:

Kein Neigen des Hauptes, kein Heben des Fußes, kein Beugen des Armes gleicht dem andern; hier ist Kunst, und wie Natur ist sie nach unendlichen Arten unendlich. Eine reine Gebärde ist wie ein reiner Gedanke, von dem auch das augenblickliche Geistreiche, das begrenzte Individuelle, das fratzenhaft Charakteristische abgestreift ist.[72]

Ruth St Denis blieb jedoch nicht in Europa, um mit Hofmannsthal zu arbeiten. Aus Heimweh nach Amerika ging sie nach Kalifornien und gründete ihre Schule Denishawn.

Viele Jahre später kam sie noch einmal auf das Thema der Salomé zurück. Es gibt einen Film darüber, wie sie ihre Rolle probt. Dabei werden ihr abwechselnd sieben Schleier gereicht. Sie spielt mit jedem in einer anderen Weise und läßt sie dann wie zufällig fallen. Dazwischen gibt es dramatische Posen und Gesten. Auf Zehenspitzen geht sie in kleinen Schritten seitwärts über die Bühne. Obwohl dieser Film für eine so berühmte Tänzerin eher enttäuschend ist, illustriert er doch die überlieferten Beschreibungen jener anderen Salomés, die Pantomime mit einer kleinen Beigabe von Tanz mischten und deren Kostüme mit Perlenschnüren zusammengehalten wurden. Von allen Schriftstellern, die versuchten, das Wesen des Tanzes der Salomé zu vermitteln, war Flaubert der einzige, der den Tanz der Frauen des Mittleren Ostens wirklich beschrieb. Seine Salomé tritt zu Flöten und Fingerzimbeln auf, und:

Die düsteren Töne der Gingras ersetzten die Klappern. Mutlosigkeit hatte die Hoffnung abgelöst. Ihre Gebärden drückten Seufzer aus, und ihre ganze Person ein so sehnsüchtiges Verlangen, daß man nicht wußte, ob sie einen Gott beweinte oder in seiner Liebkosung verging. Mit fast geschlossenen Lidern drehte sie sich in den Hüften, rollte sie ihren Bauch in wogenden Bewegungen, ließ sie ihre beiden Brüste hüpfen. Ihr Gesicht blieb unbewegt, doch ihre Füße kamen nicht zur Ruhe.[73]

Die letzte in der langen Reihe der Salomés war Mata Hari. 1907 lehnte Strauss den Vorschlag ihrer Agenten ab, sie solle die Rolle in seiner Oper übernehmen, und entschied sich stattdessen für die kecke Mademoiselle Bianca Froelich. Einige Jahre später, als Mata Hari gar nicht mehr in Mode war, bekam sie ihre Chance. Nur war es nicht mehr vor einem bewundernden Publikum, sondern auf einem privaten Fest im Haus eines ältlichen italienischen Prinzen. Mata Hari nahm zu dieser Zeit jedes Engagement an, das sie kriegen konnte. Sie reiste in die entlegenste Provinzstadt in Sizilien, um dort für eine Gage aufzutreten, die sie unter normalen Umständen als beleidigend abgelehnt hätte. Wenige Monate nach Beginn des Ersten Weltkriegs gab sie in Holland ihre letzte Vorstellung, wobei sie erstmals ihren Schleier nicht ablegte. Das Publikum war enttäuscht. Mata Hari gab dem Konservativismus der Zuschauer die Schuld für den mangelnden Erfolg und dem Krieg die Schuld dafür, daß ihre Karriere unterbrochen wurde.

Seite 143:
Reutlinger. *Mata Hari.* Fotografien. BBC Hulton Picture Library, London.

1915 reiste sie in ihr geliebtes Paris. Sie war nun 39, und ihr Haar wurde langsam grau. Aber Paris hatte sich verändert. Mit ihrem typischen Mangel an Realitätssinn konnte sich Mata Hari eine Wandlung der Stadt aufgrund des Krieges überhaupt nicht vorstellen. Ihre extravaganten Hüte, ihre Straußenfedern und ihre wippenden Röcke machten sie in einer Stadt verdächtig, in der Modebewußtsein als selbstgefällig und jetzt fehl am Platze galt. Die patriotische Kost, die in den Theatern serviert wurde, sollte die Moral der Truppen heben, und das entsprach dem Stil von Mata Hari überhaupt nicht.

Auf der verzweifelten Suche nach Geld nahm sie sowohl von der französischen wie von der deutschen Regierung Angebote an, für sie zu spionieren. Dabei hat sie schließlich weder der einen noch der anderen Seite auch nur die Andeutung von nützlichen Informationen vermittelt. Vielleicht lag das auch nicht in ihrer Absicht. Sie hat offensichtlich nicht ein einzigesmal über die gefährliche Arbeit, die sie da übernommen hatte, nachgedacht. Das Leben, das sie lebte, hing ab von ihrer Schönheit und ihrem Charme und von der Unterstützung reicher Bewunderer. Für Ergebenheit einem bestimmten Land gegenüber war da wenig Platz. Sie hat nie Freundinnen gehabt. Andere Kurtisanen sollen sie wenig gemocht haben; die Kostümschneider fanden sie schwierig und fordernd; selbst Colette, die in ihren Schriften immer voll Mitgefühl über die schwierige Lage von Frauen berichtet, die ihren Lebensunterhalt mit ihrem Körper verdienen müssen, verliert kein freundliches Wort über sie.

1917 wurde Mata Hari wegen Spionage verhaftet. Wirkliche Beweise gegen sie gab es nie. Einige Schriftsteller haben vermutet, daß sie nur der Sündenbock sein sollte, um die Öffentlichkeit von den französischen Mißerfolgen im Krieg abzulenken. Vielleicht war sie auch durch das Leben, das sie geführt hatte, schon verurteilt. Eine Frau, die prominent geworden war, weil sie ihren Körper in erotischen Tänzen zur Schau stellte, die von dem Verkauf ihrer Gunst gelebt hatte und die, wie zu hören war, mehr als einen Mann in den finanziellen Ruin getrieben hatte, konnte von der Öffentlichkeit kein Mitleid erwarten.

Mata Hari, die die Rolle der tanzenden Verführerin im wirklichen Leben genauso wie auf der Bühne gespielt hatte, wurde zum Tod verurteilt und starb im Feuer eines Erschießungskommandos. Niemand erhob

Anspruch auf ihre Leiche, und so wurde ihr Körper von Medizinstudenten für anatomische Post mortem-Praktika benutzt. Bei ihrem Prozeß bezeichnete man sie als »jene düstere Salomé, die mit den Köpfen französischer Soldaten ihr Spiel spielt«. Es mutet wie Ironie an, daß sie ihrem umsichtig gewobenen Mythos am Ende selbst zum Opfer fiel.

Die *femme fatale* ist ein Archetypus, der die menschliche Phantasie Tausende von Jahren umgetrieben hat. Im Leben der Mata Hari finden wir den seltsamen Exzeß dieser obsessiven Vorstellung. Die Häufigkeit, mit der Salomé immer wieder als Thema in den darstellenden Künsten erscheint, zeigt die Macht dieses Archetypus in unserem Unterbewußtsein. Doch auch wenn Filme und Opern über Salomé manchmal im Szenenbild und bei den Kostümen nach Authentizität streben, die Geschichte folgt immer noch der Wildeschen Version, und der Tanz der Salomé erinnert sehr selten auch nur entfernt an den einer Frau des Mittleren Ostens.

Cabarets und Clubs

Man sieht den weiblichen Unterleib Kunststücke vollführen, die nicht einmal in den wildesten und zügellosesten Phantasien auftauchten.

Julian Hawthorne

Vor einigen Jahren fragte der Besitzer eines arg verschuldeten Kairoer Nachtclubs Samia Gamal, ob sie an einem Montagabend (dem traditionell ruhigen Abend) als Gastkünstlerin auftreten wolle. Samia Gamal, eine der legendären Tänzerinnen der 30er und 40er Jahre, hatte ihre aktive Zeit längst hinter sich, doch sie erklärte sich bereit, eine Sondervorstellung zu geben, um dem Nachtclubbesitzer aus der Patsche zu helfen. Am Abend des Auftritts strömten die Besucher nur so in den Club. Jung und alt wollte die große Künstlerin noch einmal sehen. Ihre Montagabendauftritte wurden zu einer regelmäßigen Einrichtung, alle Welt sprach davon, und der Club war jedesmal so voll, daß der Besitzer erklärte, er könne ihn eigentlich für den Rest der Woche schließen, so gut sei das Geschäft.

Im westlichen Verständnis waren arabischer Tanz und Cabaret bis vor kurzem mehr oder weniger gleichbedeutend: am einen Ende der Skala arabische Tanzbewegungen, gemischt mit westlichem Glamour und Erinnerungen an den orientalischen Tanz des frühen Hollywood; am anderen erotische Windungen, vollführt von Frauen, die vom Tanz wenig oder nichts verstehen, sondern in ihm nur eine bequeme Art des Geldverdienens sehen. Das einzige, was man dafür haben muß, ist die Fähigkeit, in einem offenherzigen Kostüm umherzustolzieren.

Bis vor kurzem gab es außer Clubs und Restaurants nur wenige Treffpunkte für den arabischen Tanz. Deswegen machten die besten Tänzerinnen früher auch dort ihre Karriere. Trotz der Beschränkungen des Cabaret-Milieus haben Tänzerinnen wie Tahia Carioca und Samia Gamal, sowie Nagua Fouad, Mona Said und Asa Sharif in den 70er und 80er Jahren des letzten Jahrhunderts ihre eigenen Stilrichtungen in diesem Kontext geschaffen und damit den heutigen Tänzerinnen eine Quelle der Inspiration geliefert.

Der Cabaret-Stil entwickelte sich in den 20er Jahren in den Nachtclubs von Algier, Beirut und Kairo, die

Samia Gamal mit Farid al-Atrache. Nach 1930. Filmfoto. Sammlung *Arabesque,* New York.

damals in erster Linie zur Befriedigung der Bedürfnisse eines kolonialen Publikums aus dem Boden schossen. In ihrer Autobiographie beschreibt die große ägyptische Sängerin Umm Kulthun den Boom dieser Etablissements in Kairo nach dem Ersten Weltkrieg. Die Muhammad-Ali-Straße wurde wegen ihrer Vergnügungspaläste und verrufenen Lokale besonders bekannt. Ironischerweise trägt die Straße den Namen jenes Herrschers aus dem 19. Jahrhundert, der die Tanzmädchen aus Kairo verbannt hatte!

Um 1920 hatte sich Ägypten als Zentrum der Vergnügungsindustrie etabliert und exportierte von dort Ideen in den Rest der arabischen Welt. Besonders populär waren Filme, die das Aschenbrödelthema aufgriffen: Einfache Arbeiterin will ihrer Armut durch eine Verbindung mit einem Reichen entgehen. Häufig spielten dabei Tänzerinnen die Titelheldin. Der Cabaret-Tanz war ein fester Bestandteil jedes Films. Hollywood übte damals großen Einfluß, und die Vorstellung, wie orientalischer Tanz auszusehen habe, wirkte sich auf die arabischen Tänzerinnen aus. Weil sie mit dem westlichen Verhalten, seinem Stil und seinen Moden wett-

eifern wollten, übernahmen sie diese Hollywood-Phantasien und parodierten sie unbewußt. Das erste ägyptische Cabaret, die Casino Opera, wurde 1926 von der syrischen Schauspielerin und Tänzerin Badia Masabni in Kairo eröffnet. Badias Club bot ein abwechslungsreiches Allroundvergnügen, zu dem als Neuerung auch eine 6-Uhr-Matinee nur für Frauen gehörte, die Abend für Abend überfüllt war. Mit Blick auf die westliche Art der Unterhaltung, entschied sich Badia dann, dem ägyptischen *Baladi* noch mehr Raum zu geben.

Bis dahin hatten die Oberkörper und die Arme im *Baladi* keine besondere Rolle gespielt. Traditionell wurden die Arme nur gehoben und oben gehalten. Nun fingen die Tänzerinnen an, fließende, schlangenartige Bewegungsmuster zu vollführen. Auf der erweiterten Bühne Badias begannen die Tänzerinnen auch, den Raum besser zu nutzen. Vorher hatten sie mehr oder weniger auf einer Stelle getanzt. Als weitere Neuerung führte Badia den Schleier ein. Die Benutzung von Gazéschleiern war kein Bestandteil des *Baladi,* sondern eine Erfindung westlicher Tänzerinnen um die Jahrhundertwende. Daß der Schleier im traditionellen

Samia Gamal in einem Cabaretkostüm der dreißiger Jahre. Filmfoto. Sammlung *Arabesque*, New York.

Baladi eine sehr untergeordnete Rolle spielte, zeigt sich als Reflex noch bei den heutigen Cabaret-Tänzerinnen: Auch sie machen nicht viel mehr mit dem Schleier als ein paar Drehungen, mit denen sie die Bühne beleben, und werfen ihn dann weg. (Zwar haben westliche Tänzerinnen einige interessante Neuerungen in der Benutzung des Schleiers eingeführt, doch wer das Ablegen der Schleier tanzt, tut gut daran, nicht zu vergessen, daß eine Tänzerin, die sich auf diese Weise eines Teils ihres Kostüms entledigt, bei einem arabischen Publikum in ein sehr schiefes Licht gerät.)

Zwei der Frauen, die bei Badia Masabni studiert hatten, waren Tahia Carioca und Samia Gamal. Sie sollten später die berühmtesten Tänzerinnen ihrer Zeit werden. Samia Gamal kannte sich mit den westlichen Phantasien aus, die in den späten 20er Jahren langsam in den Tanz eindrangen. Sie war es, die mit dem Brauch, barfuß zu tanzen, brach. Daß sie auf der Bühne hochhackige Schuhe trug, hatte ironischerweise seinen Grund darin, daß sie beweisen wollte, sich solche Schuhe leisten zu können. Es war eine von vielen Neue-

Tahia Carioca in einem Baladi-Kostüm. Filmfoto. Sammlung *Arabesque*, New York.

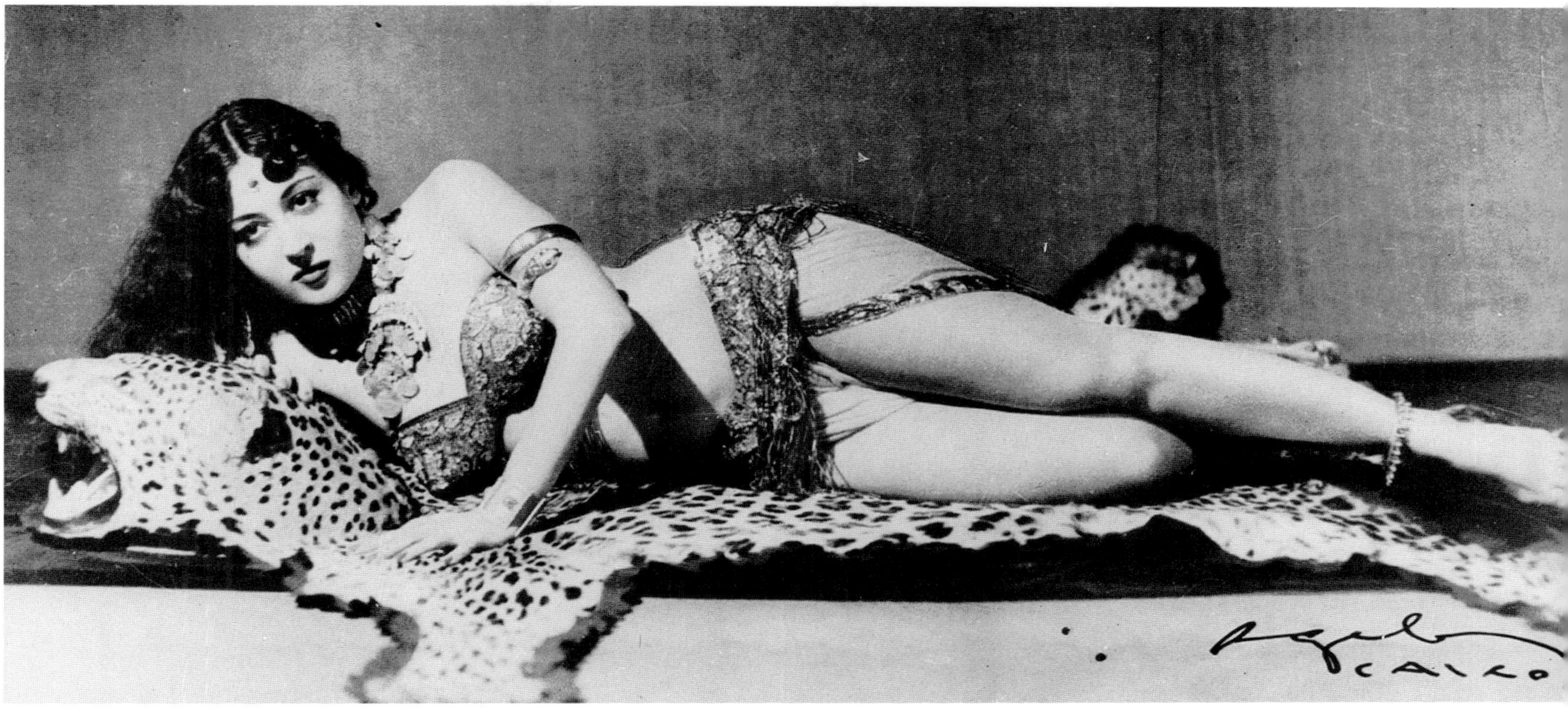

rungen, die zu grundlegenden Veränderungen beim *Baladi* führte. Zwar war es nicht unüblich, daß Tänzerinnen, die im Freien auftraten, zum Schutze vor dem heißen Boden Pantoffel trugen. Hohe Hacken jedoch geben dem Tanz eine andere Betonung, sie verändern seine Erdverbundenheit und den niedrigen Schwerpunkt. Das gleiche gilt für die walzerähnlichen Pirouetten, die zu einem Bestandteil des choreographierten *Baladi* wurden (im Gegensatz zu improvisierten).

Ausschnitte alter ägyptischer Spielfilme zeigen uns, wie der *Baladi* aussah, als er seine traditionelle Form verlor. In jenen Tagen war der von seinen herausragendsten Vertreterinnen dargebotene Cabaret-Tanz als *Raks al-hawanem* (Tanz der Damen) bekannt. Die Nuancen dieses Stils sieht man am deutlichsten in alten Filmausschnitten mit Tahia Carioca. Sie verbindet Zurückhaltung und Schicklichkeit mit einem außerordentlich süßen Gesichtsausdruck und einem eher geheimnisvollen Lächeln. Der Stil ist verhalten sinnlich, doch er hat immer noch die Erdverbundenheit und Schwere des traditionellen *Baladi.* Tahia Cariocas direkte Nachfolgerin unter den zeitgenössischen Nachtclubtänzerinnen ist Suhair Zaki. Sie ist noch nicht vom *razzamatazz* beeinflußt, der heute fast zu jedem Caba-

›Liz Jamal‹ in Sirenenpose. Fünfziger Jahre. Sammlung *Arabesque,* New York.

Seite 150:
Claudette Colbert in ›Cleopatra‹. 1934. Filmfoto. Museum of Modern Art, New York.

ret-Auftritt gehört. Ihre Tänze sind einfach, ihre Kostüme vergleichsweise wenig geschmückt; oft trägt sie ein *Baladi*-Gewand, das sie von Kopf bis Fuß bedeckt, und nicht jene zweiteiligen Kostüme, die mit den anderen Neuerungen der 20er Jahre Mode wurden. Diese *Baladi*-Gewänder sind vor allem in Ägypten populär. Man erinnere sich daran, daß die Tänzerinnen früher gewöhnt waren, in ihrer Alltagskleidung aufzutreten. Besondere Kostüme sind das Ergebnis einer hochentwickelten Theatertradition, die es in der arabischen Welt nicht gab.

In den 20er Jahren tauchte ein Kostüm auf, das seine Form weitgehend aus Hollywood bezog, wo der Vamp als Inbegriff weiblicher Verlockung galt. Die westliche Bekleidung beim orientalischen Tanz bestand aus einer Art Büstenhalter, einem langen, gazeartigen Rock mit Schlitzen an der Seite und nacktem Bauch. Diesen Aufzug übernahmen die arabischen Tänzerinnen, und er wurde zur Cabaret-Uniform. Nie war es Tänzerinnen erlaubt, ihren Nabel zu zeigen, daher der lange Stoffstreifen von der Mitte des Büstenhalters bis zum Rock, wie man ihn in alten Filmen sehen kann. Später bedeckte man den Nabel mit Schmuck. Heutzutage nähen die Tänzerinnen an ihren Büstenhalter einen fleischfarbenen Körperstrumpf.

Das Cabaret-Kostüm hat sich seit seiner Einführung in den 20er Jahren nicht wesentlich geändert. Wo es Veränderungen gab, haben sie jedoch den frühen Charme nur geschmälert. Die heutige Kombination aus BH und Hüftgürtel mit eingelegtem Glasschmuck und Spangen ist eine eher blecherne Version der Hollywoodphantasie von orientalischem Zauber. Der meist stark wattierte Büstenhalter läßt einen an die 50er Jahre denken, als Streben und Polsterung der BHs den weiblichen Brüsten das Aussehen von Kanonenkugeln verliehen. Das hat nur noch wenig mit den natürlichen Körperformen zu tun, die sich in den 20er Jahren durchsetzten. Die heutigen Cabaret-Tänzerinnen zeigen wenig Neigung, dieses Kostüm auf einen neueren Stand zu bringen oder es auch nur einem individuellen Geschmack und dem Wechsel der Mode anzupassen. Es ist ein Kostüm, das die Erinnerung vom Glamour einer bestimmten Zeit ausdrückt.

Die Kostümfrage ist nur zum Teil eine Frage des individuellen Geschmacks, es geht dabei auch um Schicklichkeit. Der Hauptzweck dieser Art von Kostüm ist es, den Körper zu zeigen. Nacktes Fleisch

Seite 151:
Orientalisches Kostüm im Stil von Hollywood. Aus *›Intolerance‹ von D. W. Griffith.* 1916. Filmfoto. Museum of Modern Art, New York.

Seite 153:
Das Cabaret-Kostüm der dreißiger Jahre. Bis heute hat es sich kaum verändert. Fotografie. Sammlung *Arabesque,* New York.

Der ägyptische Tanz geht nach Hollywood. Fünfziger Jahre. Sammlung *Arabesque,* New York.

kann enorm ablenken, ebenso wie schwingende Fransen und das Geglitzer von tausend leuchtenden Schmuckstücken und Spangen. Je mehr uns solche Reize ablenken, desto weniger nehmen wir vom Tanz selbst auf. Eine Tänzerin allerdings, die die komplexeren Aspekte des arabischen Tanzes ausdrücken möchte, wird das nicht in einem Kostüm tun, dessen wichtigster Zweck darin liegt, ihr das Aussehen einer Puppe zu geben.

Die arabischen Regierungen haben wiederholt versucht, das Cabaret-Tanzen zu unterdrücken: durch Kostümvorschriften wie durch Verweigerung von Nachtclub-Lizenzen. Wie im 19. Jahrhundert wurden die Tänzerinnen wieder aus Kairo ausgewiesen. Vor einigen Jahren gab es in Ägypten Bestrebungen islamischer Fundamentalisten, den Tanz überhaupt zu verbieten. Heute wie damals sind die Gründe mehr oder weniger dieselben. Spärlich bekleidete Unterhaltungskünstlerinnen, die in der Welt des Kommerzes ge-

zwungen sind, die eher provokativen Elemente ihres Tanzes hervorzuheben, sind keine gute Reklame für die arabische Frau. Daß sie – im Gegensatz zur Mehrheit der Frauen in der islamischen Gesellschaft – viel in der Öffentlichkeit auftreten, macht sie jedoch zu den arabischen Frauen, die außerhalb ihres Landes am bekanntesten sind. Überflüssig festzustellen, daß die Tänzerinnen am unteren Ende der Stufenleiter die Cabarets traditionsgemäß auch dazu benutzen, ihre Reize etwaigen Kunden anzupreisen.

Viele Tänzerinnen bemühen sich derzeit – vor allem in Europa und Amerika –, das Niveau des arabischen Tanzes in den Clubs und Restaurants zu heben. Obwohl das Cabaret auf seine Art durchaus schätzenswert ist, ist der dort gezeigte arabische Tanz doch weitgehend ein Phantasieprodukt, ein Hollywood-Spektakel und Showbusiness. Das kann alles beinhalten: vom Auftritt in einer Sänfte, die von vier Sklaven mit Turban getragen wird, bis zum Sketch, der die Tänzerinnen der berühmten Muhammad-Ali-Straße parodieren. Eine der bekanntesten arabischen Tänzerinnen hat einen derartigen Sketch in ihrer Show. Sie sitzt an einem Frisiertisch und zeigt, wie sie sich die Haare kämmt, ihr Make-up anlegt und sich mit einem Deodorant erfrischt. Ein betörter Verehrer kriecht auf allen vieren über die Bühne, während sie einfach weitertanzt und ihn ignoriert.

Es gibt viele westliche Tänzerinnen, die den arabischen Tanz wirklich schätzen und glauben, daß er zu einer ausgefeilten Kunstform im Kontext zum Cabaret umgewandelt werden kann. Unglücklicherweise ist aber der Ort nur für eine Art Nach-Tisch-Zerstreuung geeignet. Das hat einmal mit der zur Verfügung stehenden Zeit zu tun: 15 bis 20 Minuten, in die die Tänzerin das ganze Spektrum der verschiedenen Nuancen des Tanzes hineinpacken muß. Und es hat auch mit der Atmosphäre von Nachtclubs und Restaurants zu tun und den Erwartungen der meisten Kunden. Die gehen nicht in einen Club, um guten Tanz zu genießen, sondern um eine attraktive Frau zu sehen, die ihre Reize spielen läßt, während sie ihr Abendessen verdauen – die tänzerischen Fähigkeiten sind dabei mehr oder weniger egal.

Für jede Tänzerin, die ihren Lebensunterhalt verdienen muß, ist es schwer, der Anziehungskraft des Cabarets zu widerstehen. Aber oft tötet die Arbeit im Cabaret jede wirkliche Liebe zum Tanz. Die zerstöre-

Fifi Abdou. Achtziger Jahre. Fotografie. Sammlung *Arabesque,* New York.

rische Langeweile, Nacht für Nacht dieselbe Routine, manchmal vor leeren Tischen oder vor einem Publikum, das mit anderem beschäftigt ist, das sind nur einige der Schattenseiten des Cabaret-Lebens. Das Publikum ist in erster Linie aus Gründen der Geselligkeit gekommen. Deshalb lastet auf der Tänzerin der beständige Druck, sich in ihrem Stil anzupassen, um überhaupt Aufmerksamkeit zu wecken. Sogar ganz integre Tänzerinnen geben irgendwann einmal den Forderungen des Kommerzes nach, um ihren Auftritt auch für das banalste und flachste Niveau attraktiv zu machen: Äußerer Glanz und Technik statt Gefühl und Sensibilität und die Überbetonung des Sexuellen, all das ist in den Cabarets entstanden.

Da die Zuschauer am enthusiastischsten auf schnelle Tempi reagieren, sind diese Elemente in der Musikbegleitung am wichtigsten geworden. Die Musik, meist mit großem Orchester, wird immer mehr eine geschäftige, werbewirksame Mixtur aus internationalen Einflüssen. Sie will erregen und blenden, und deshalb sind die lyrischen Passagen auf ein Minimum reduziert – die Zuschauer könnten sich ja langweilen. Das Publikum wird auf die Bühne gebeten, um mitzutanzen, andauernd – selbst mitten im Auftritt – wird um Applaus und Bewunderung gebuhlt (was als herrlich spontan erscheinen mag). Auch das sind nur Beispiele dafür, wie gekünstelt die Cabaret-Auftritte geworden sind. Die zentrale Rolle des improvisierten Tanzes verschwindet hinter einer ausgefeilten Choreographie, die manchmal sogar das scheinbar spontane Zusammenspiel von Publikum und Musikern vorher festlegt.

Ich habe mehrere Vorstellungen einer der berühmtesten Tänzerinnen Ägyptens besucht, und sie waren identisch bis hin zum Timing eines Scherzes mit einem der Musiker und dem Zurechtrücken des verrutschten Kostüms. Das Publikum mag von solcher scheinbaren Spontaneität entzückt sein, aber das sind Zirkustricks.

Viele Tänzerinnen fühlen sich in der Welt des Cabarets zu Hause: Sie akzeptieren es so, wie es ist, und haben keine Ambitionen, den Tanz auszuweiten. Die Mehrheit der Tänzerinnen arbeitet in den Clubs und Restaurants ausschließlich, um Geld zu verdienen. Darunter sind immer mehr Amateurinnen, die einen anderen Beruf haben und sich auf leichte Art noch etwas dazuverdienen wollen. So ist eine Situation entstanden, in der halbausgebildete Amateurinnen sich als professionelle Unterhaltungskünstlerinnen präsentieren.

In der arabischen Welt werden Frauen Tänzerinnen, weil das einer der wenigen Jobs ist, mit dem sie ihren Lebensunterhalt gut verdienen können; sie sehen in der wachsenden Zahl von westlichen Tänzerinnen eine Bedrohung. Sie fragen sich, warum Frauen, die oft über eine gute Ausbildung verfügen und in ihrem eigenen Land leicht andere Arbeit finden könnten, bis in den Mittleren Osten reisen, um unter unbefriedigenden und schwierigen Bedingungen zu arbeiten. Doch die Anziehungskraft, die das Cabaret auf westliche Frauen ausübt, hat nicht nur finanzielle Gründe. Es hat auch mit deren Wunsch zu tun, sich öffentlich zu ihrer Sexualität und zu ihrer Identität als Frau zu bekennen.

Wenn wir die klassische Funktion des Tanzes in den Fruchtbarkeitsriten und als Methode der Partnerwahl betrachten, können wir erkennen, warum der Tanz im Cabaret grotesk und doch auf merkwürdige Weise unwiderstehlich ist. Denn die Cabaret-Vorstellung hat sich aus diesen früheren Aspekten des Tanzes entwikkelt. In seinem ursprünglichen Kontext hatte der Tanz seinen Zweck; er führte zu etwas. In den Clubs und Restaurants von heute führt er nirgendwohin. In der unpersönlichen Atmosphäre eines schwach beleuchteten Clubs, ist er das Schauspiel einer mit Schmuck und Spangen bedeckten Frau, die einem Publikum beiderlei Geschlechts sexuelle Avancen macht, einem Publikum, das nichts anderes im Sinn hat als ein oberflächliches Amusement beim Abendessen.

Es ist Form ohne Inhalt, die unvermeidliche Folge der Kommerzialisierung. Darum finden wir, wenn wir uns an diesen Orten umsehen, so häufig unter den vergnügten Blicken auch viele betretene Gesichter. Menschen, die wenig mit Tanz zu tun haben, sind unsicher und wissen nicht, wie sie reagieren sollen. Gesenkte Augen, eingefrorenes Lächeln; Frauen, die aussehen, als seien sie bedroht, und Männer, die durch die Situation einfach verwirrt sind. Die meisten arabischen Männer im Publikum vermuten, daß eine Tänzerin schon wegen ihres Berufes nicht ehrbar ist und daß sie sich einfach anpreist. Das in der Show gezeigte nackte Fleisch bestärkt sie in dieser Meinung nur noch.

Vor 20 Jahren führte Professor Morroe Berger in einem ausgezeichneten Artikel über den Tanz[74] aus, daß wir Sex aufgrund religiöser Schuldgefühle ungern glorifizieren. Darum könnten wir nicht zugeben, daß er etwas mit Kunst zu tun hat. Obwohl sich die Zeiten

Suhair Zaki. Achtziger Jahre. Fotografie. Sammlung *Arabesque,* New York.

Mae West als Burlesque-Tänzerin in ›I'm no Angel‹.
1933. Filmfoto. Museum of Modern Art, New York.

vielleicht etwas geändert haben, steckt in dieser Aussage immer noch ein Stück Wahrheit.

Die Erotik liegt – wie die Schönheit – im Auge des Betrachters und ändert sich von Land zu Land. Wie wir gesehen haben, standen lange Zeit die Beine im Zentrum des erotischen Interesses, von der Ballerina des 19. Jahrhunderts, die »ein Bein für die Galerie hob«, bis zur französischen Can-Can-Tänzerin, die ihr Bein über den Kopf warf und bis zur »chorus line« von heute. Die im arabischen Tanz angelegte Erotik ist anderer Art. Sie arbeitet mit feinen, einschmeichelnden Bewegungen des Körpers. Eben das haben jene Reisenden des 19. Jahrhunderts traurigerweise nicht erkannt, als sie die Tänzerinnen zu Nacktauftritten überredeten.

Das erotische Bild der Frau, das in uralten Zeiten der Erneuerung des Lebens diente, ist in einem Maße beschnitten und denaturiert worden, daß es heute im Westen mit negativen Vorstellungen beladen ist. Geduldet wird jenes Bild der »bezaubernden Puppe«. Dieses Bild ist gängige Ware und wird so im Cabaret präsentiert. In diesen Zusammenhang paßt eine Bemerkung des Schauspielers Robert Mitchum über Marilyn Monroe. Sie amüsiere ihr Image als Sex-Göttin, hatte sie ihm einmal erzählt, und wenn die Leute sie so wollten, komme sie dem Wunsch mit Freuden nach. Doch sie konnte dieses Image nie ernst nehmen, sagt Mitchum, und so habe sie sich darüber lustig gemacht. In ihren Filmen sei sie auf subtile Weise darüber hinausgewachsen.

Alles in allem verlangt der Cabaret-Tanz seine besonderen Fähigkeiten. Und er hat sein eigenes, ergebenes Publikum. Wenn man aber die gegenwärtigen und zukünftigen Trends im arabischen Tanz diskutiert, ist es wichtig, zwischen dem Auftritt im Nachtclub und der sich entwickelnden Kunstform zu unterscheiden.

Fortdauernde Traditionen

Prinzessin Mishaal war in jeder Hinsicht eine inspirierte Tänzerin ... Die Sprache ihrer Bewegungen war unendlich ausgefeilter als alles, was ich sie je habe sagen hören.

Rosemarie Bushchow, The Prince and I; Life with the Royal Family of Saudi Arabia

Etienne Dinet. *Kinder beim Schaltanz.* 1911. Ölgemälde. Privatbesitz.

In der arabischen Welt lernen die Mädchen das Tanzen von Kindheit an. Gelegenheiten gibt es unzählige: überall wo Frauen zusammenkommen, um sich zu entspannen und zu vergnügen. Bei diesen informellen Versammlungen fangen die Kinder an, wie selbstverständlich den Tanz der Frauen zu imitieren. In Nordafrika und im Mittleren Osten singen und tanzen die Frauen füreinander, wobei der Reihe nach jede Frau nach vorn kommt, um ihre Freundinnen zu unterhalten. In dieser Situation gibt es kaum einen Unterschied zwischen Aufführenden und Zuschauern, denn jeder kann beides sein.

Immer wenn jemand besondere Fähigkeiten oder Anmut zeigt, wird das anerkannt, wobei die Anwesenden ihre Zustimmung mit dem *Zhagareet* zeigen. In Tunesien wird der *Zhagareet* durch einen Triller der Zunge gegen den Gaumen erzeugt, in Ägypten durch ein seitliches Hin-und-Herflattern der Zunge bei gleichzeitigem Ausstoßen eines hohen, fast unwirklichen Tons, wie der einsame Schrei eines wilden Tieres. Und es ist der besondere Gruß der Frauen.

Auch wenn der arabische Tanz auf bestimmten Techniken basiert, so entwickelt doch jede Frau innerhalb dieses Rahmens ihren eigenen, individuellen Stil und offenbart dabei Einsichten in ihre Persönlichkeit, in ihr allgemeines Befinden und in ihre Geisteshaltung. Tanz ist vor allem ein Mittel des Selbstausdrucks, und die damit verbundenen Gebräuche dienen dazu, seine Anmut und seinen Charme zu vergrößern. So ist es undenkbar, daß alle gleichzeitig auftreten und nur für sich tanzen; aufgetreten wird im Solo oder als Paar. Steht eine Frau auf, um zu tanzen, so wird sie immer von den Freundinnen angefeuert, vorher und während des Tanzes. Bevor sie anfängt, bindet sie sich einen Schal um die Hüften, um das Zentrum ihrer Bewegungen zu betonen, und wenn der Tanz beendet ist, nimmt

Tanzunterricht in Bou Saada. Nach 1890. Fotografie. Privatbesitz.

sie vielleicht den Schal ab und bindet ihn um die Hüften ihrer Nachfolgerin, falls diese keinen eigenen Schal hat. Die Sitzenden sorgen für die musikalische Begleitung, indem sie rhythmisch klatschen, singen und trommeln. Sie sind mit der Solistin ein Teil der Aufführung und fordern diese auf, ihr Bestes zu geben. Das geschieht durch Heulen, Klatschen und – wenn sie besonders angetan sind – durch lobende Zurufe wie *Ya lilli ya ainy* (du bist meine Augen), *Ya noori* (du bist mein Licht) oder *Inti helwa* (wie süß du bist).

Der Tanz ist dabei mehr eine Demonstration als ein Auftritt, eine Demonstration des eigenen Körpers in einer Atmosphäre, wie sie besser nicht sein könnte: vor Frauen, die einen ermutigen und aufbauen. Man kann annehmen, daß wir alle, und nicht nur die wenigen, besonders talentierten von uns, Tänzerinnen sind; alle können irgend etwas, selbst wenn es nur zwei oder drei Bewegungen sind. Und es gibt für kein Mädchen einen Grund, verlegen zu sein oder sich minderwertig zu fühlen, wenn es nicht so begabt ist wie ihre Freundinnen.

Der alte Brauch, daß ein Mädchen tanzt, um einen Partner anzulocken, hat in Ägypten in einer modifizierten Form überlebt: Dort kann ein Mädchen auf den Versammlungen der Frauen tanzen, um sich etwaigen Schwiegermüttern zu empfehlen. Diese Sitte besteht immer noch, obwohl viele Frauen der Mittelklasse in Nordafrika und im Mittleren Osten inzwischen einen Platz im öffentlichen Leben gefunden haben und damit über die Freiheit verfügen, sich mit Männern ihrer Wahl zu treffen.

In einigen islamischen Ländern werden die Ehen noch arrangiert, ohne daß sich die künftigen Brautleute vor dem Hochzeitstag zu Gesicht bekommen. Doch dieser Brauch wird immer seltener. Eine Hochzeit ist das wichtigste Familienfest, was schon aus der Länge der Feierlichkeiten ersichtlich ist. Sie dauert mindestens drei Tage, und wenn es die Finanzen der Familie erlauben, auch eine ganze Woche.

Von der Braut wird angenommen, daß sie während ihrer Wandlung vom Mädchen zur Frau besonders verwundbar und allen möglichen, auch bösen Geistern ausgesetzt ist. Tranceähnliche Tänze sollen diese bösen Geister vertreiben sowie die negativen Energien freisetzen und damit eine Atmosphäre der Ruhe und des Wohlergehens schaffen.

In allen arabischen Tänzen steckt ein therapeutisches Element: Das Ausleben von Gefühlen und unterdrückten Energien, das Zusammenbringen von Menschen und das Darstellen des eigenen Körpers, all das führt zu positiven Ergebnissen. Bei den meisten Tänzen denkt man jedoch nicht an Therapie. Eine Ausnahme ist der Trance-Tanz.

Die Trance ist ein therapeutischer Ritus für eine Person, die unter geistigen oder psychischen Problemen leidet. Die Probleme mögen mit Wünschen und Bedürfnissen zu tun haben, die sich im alltäglichen Leben nicht ausdrücken konnten oder aus gesellschaftlichen Gründen bewußt unterdrückt worden sind. Die betroffene Person wird als ein Mensch angesehen, der an seinem geistigen Körper Schaden genommen hat und der deshalb einen Prozeß durchlaufen muß, bei dem er oder sie wieder zu einem Ganzen gemacht und damit geheilt wird. Bei einer Trance-Zeremonie dient eine Frau mit hellseherischen Kräften als Vermittlerin zwischen den Geistern und den Beteiligten. Sie weiß, an welchen besonderen Geist man sich wenden muß, und sie kennt den Rhythmus, in dem er angerufen werden kann. Wenn sie selbst in Trance gefallen ist, wird der Geist durch sie aber in einer anderen Stimme als der ihren sprechen. Während des Rituals, das Stunden, ja sogar Tage dauern kann, spielen Musiker verschiedene Rhythmen, um den zu finden, der dem Objekt des Rituals entspricht. Dahinter steht der Glaube, daß jeder von uns seinen eigenen, individuellen Geisterrhythmus hat, auf den wir instinktiv reagieren. Wenn der richtige Rhythmus gefunden ist, wird die betreffende Person tanzen, bis der Punkt der Transzendenz erreicht ist, die Dämonen der inneren Unruhe vertrieben sind und sie spirituell gereinigt ist.

Der Trance-Tanz dient nicht der Erbauung des Auges, sondern dem Wohlbefinden des Körpers. Er ist mehr ein sozialer Tanz als eine Theatervorführung. Für jeden aus der Umgebung der Person, die in Trance gebracht werden soll, ist es eine Pflicht, dabei in jeder nur möglichen Weise zu helfen, vor allem aber sie darin zu bestärken, daß sie in der Zeit nicht alleine ist, wenn sie ihre normalen Abwehrmechanismen ablegt und auf alle Einflüsse von außen besonders empfindlich reagiert. Manche stehen hinter ihr und halten sie locker an der Kleidung fest, um sie dadurch mit dem Kreis der Freunde und Verwandten um sie herum in Verbindung zu halten. Danach helfen Mitglieder der Gruppe dabei, die Person zu beruhigen – etwa durch das Besprengen mit Rosenwasser –, bis sie wieder zu sich kommt.

Das Duett. Nach 1890. Fotografie. Privatbesitz.

Trance-Rituale scheinen eine direkte Verbindung zu den Fruchtbarkeitstänzen der alten Welt zu haben. 1920 wurde Joseph McPherson, ein Englischlehrer und späterer Chef der Geheimpolizei von Ägypten, Zeuge einer Zaar-Zeremonie in einem Haus in der Kairoer Vorstadt. Es ist äußerst ungewöhnlich, daß ein Außenstehender, und noch dazu ein Mann aus dem Ausland, zu einer solchen Zeremonie zugelassen wurde. Schon deshalb ist McPhersons Bericht besonders interessant. Er beschreibt die ersten einleitenden Phasen des *Zaar*, in denen die Frauen zu Trommelbegleitung ein Lied sangen, das, wie er bemerkte:

... nicht aus dem Koran, nicht islamisch oder überhaupt religiös war. Ich hatte nie zuvor in Ägypten etwas Ähnliches gehört. Das Lied spielte wiederholt auf das Opfer eines schönen, jungen Mädchens an, dessen Blut zu einer Blume geworden war... ich war sicher, daß der Zaar *eine wichtige Institution ist, die auf die Zeit der griechischen Mysterien oder auf die Kulte von Baal und Tammuz zurückgeht.*[75]

Mit zunehmender Erregung erhoben sich die Frauen im Lauf der Zeremonie auf ihre Füße und tanzten um einen Altar, auf dem Körbe mit Blumen, Früchten und Nüssen sowie brennende Kerzen standen. Eine von ihnen war über einen Meter hoch. Als die Leidenschaften auf dem Höhepunkt waren, fielen die Frauen zu Boden, und es gab eine dramatische Stille. Dann wurden die Tiere, ein Widder, zwei Gänseriche und ein Paar roter Tauben und Kaninchen, geschlachtet, ihr Blut in einer großen Schale gesammelt und auf den Altar gestellt. Dazu wurde gesungen und Weihrauch abgebrannt. Die *Salima* (die Leiterin der Zeremonie) steckte ihre Arme und Hände in das Blut, rührte darin und schmierte es auf ihr Gesicht und ihre Kleider und auf die der anderen Initiierten:

Das hatte offenbar einen magischen Effekt, denn die vorangegangene Heftigkeit war nichts, verglichen mit der wahnsinnigen Raserei, die die Frauen nun ergriff. Sie rissen sich mit blutigen Fingern die Haare aus, und ihre Gesten und Schreie waren wie die von Verrückten... Manchmal beugten sie ihre Körper nach hinten, bis sie einen vibrierenden, sich windenden Bogen bildeten, der auf den Sohlen und dem Hinterkopf lastete, während die Muskeln ihres Körpers den Tanz mit unglaublichen Verkrümmungen fortsetzten... viele der Frauen zogen in der bacchanalischen Ra-

serei etwas zwischen ihren Brüsten hervor und hielten es sorgfältig in ihren Händen versteckt, während sie weitertanzten. Es waren kleine Gegenstände, aber es gelang mir nicht, einen Blick auf sie zu erhaschen.[76]

Im weiteren Verlauf sangen die Frauen dann Lieder, über die McPherson berichtete, sie seien »erotisch gewesen . . . und dabei wurde ihr Tanz unanständig«. An diesem Punkt wurde er gebeten zu gehen.

Die Trance-Rituale von heute, die man in verschiedenen Ländern Nordafrikas und des Mittleren Ostens finden kann, verlaufen anders und haben wohl auch nicht jene Intensität, wie sie McPherson bei seinem Besuch erlebt hat; doch viele der dabei praktizierten Gebräuche sind ähnlich. Das Tieropfer zu Beginn oder während einer Trance-Zeremonie gibt es auch heute noch. Aus Respekt vor den Geistern, aber auch, um sich von äußeren Einflüssen abzuschotten, bedeckt die Tänzerin Gesicht und Kopf. Wenn sie dann anfängt, auf den Rhythmus zu reagieren, und in Trance gerät, legt sie den Schleier ab und überläßt sich der Macht, die in ihr entfesselt worden ist.

Jedes einzelne Element der Trance-Zeremonie ist wichtig: Vom Weihrauch, der zu Beginn benutzt wird, um die Geister zu beruhigen und willkommen zu heißen, bis zu den Farben der Kleider, die getragen werden. Schwarz repräsentiert den Erdgeist, Weiß die Luft, Rot steht für Feuer und Blau für Wasser. In Ägypten heißt die Zeremonie *Zaar;* in Algerien *Gargabous;* in Tunesien *Stambali*, und in Marokko ist es der Tanz der Gnaouias, eines Volkes aus der südlichen Sahara. Trance ähnliche Tänze werden nicht nur zur Linderung bei Krankheiten aufgeführt. Da der Hauptzweck dieses Tanztyps darin besteht, sich von negativen Energien zu befreien, kann er auch genutzt werden, wenn sich eine Frau in irgendeiner Weise unglücklich fühlt, so etwa, wenn sie keinen Erfolg bei der Empfängnis hat. Auf Hochzeiten gehören tranceähnliche, in ihrer Form abgeschwächte Tänze der Frauen häufig zu den Feierlichkeiten. Sie dienen dazu, die Geister zu beruhigen und positive Energien um die Braut aufzubauen.

In vielen arabischen Ländern feiern Männer und Frauen in verschiedenen Räumen des Hauses. Die Frauen tanzen dann privat füreinander, während die Männer entweder auch selbst tanzen oder aber eine Gruppe professioneller Musiker und Tänzerinnen mie-

Persische Hochzeitsfeier.
Quajar-Dynastie.
Frühes 19. Jahrhundert.
Ölgemälde.
Victoria & Albert
Museum, London.

ten, um von ihnen unterhalten zu werden. Auf einer Hochzeit in Marrakesch wurde ich einmal eingeladen, mir diese professionellen Tänzerinnen anzusehen. Zunächst wurde meiner Begleiterin und mir gemeinsam mit vier oder fünf der Männer in einem Nebenraum ein Essen gereicht. Mit Speisen überladene Teller, die einen köstlichen Duft aromatischer Kräuter und Gewürze verströmten, wurden hereingebracht und vor uns auf einen niedrigen Messingtisch gestellt; Hühnchen mit Reis, gebackene Früchte, warmes Brot und *Tagine* (eine Kasserole aus Fleisch und Gemüse). Die Männer tunkten Brotstücke in die gemeinsame Schüssel auf dem Tisch und schoben mir und meiner Begleiterin die leckersten Fleischstückchen zu. Auf dieses schmackhafte Festmahl folgte ofenfrischer Kuchen, aus dem der Honig in langen Fäden in die Schüssel floß, während wir uns mit klebrigen Fingern bedienten. Eine der Frauen brachte uns Wasserschüsselchen und Handtücher. Als wir den Männersaal betraten, besprengte uns ein junges Mädchen mit Wasser, das mit Orangenblüten parfümiert war.

Die Männer saßen auf niedrigen Bänken und Kissen, die Wände waren blauweiß gekachelt. Die Musiker kamen aus der Gegend. Ein *Rababa*-Spieler saß mit gekreuzten Beinen auf dem Boden und spielte sein Instrument (ein Vorläufer der heutigen Fiedel) in der Art eines Cellos, indem er es senkrecht auf dem Boden hielt. Die *Rababa* ist ein zweisaitiges Instrument mit einem Korpus aus Kokosnußschale. Man findet sie häufig in kleinen Volksmusik-Ensembles. Neben dem *Rababa*-Spieler saßen zwei Trommler, die ihre mit Ziegenfell bespannten *Bendirs* hielten, Trommeln die einem Sieb ähneln und mit den Fingern und der Handfläche geschlagen werden.

Eine Tänzerin trat vor. Sie trug ein schweres Brokatkleid, das sie vom Hals bis zu den Knöcheln bedeckte. An der Taille wurde es mit einem schwarzen, wollenen Gürtel, der mit Silberspangen besetzt war, zusammengehalten. Ihr Haar war unter einem Kopftuch versteckt, das um ihren Kopf geschlungen war und in einem großen Knoten an der Spitze zusammenlief. Sie nahm ein Tablett, auf dem neun oder zehn Gläser mit brennenden Kerzen standen, und stellte es auf ihren Kopf. Während sie ihre Arme hochhielt und dabei die Fäuste ballte, schien ihr Bauch auf und ab zu springen. Sie kniete sich auf den Boden und streckte sich dann auf dem Teppich aus. Die Kerzen flackerten in ihren

Seite 165:
Muhammad Racim. *Hochzeitsfeierlichkeiten in Algerien.* Um 1830. Miniatur.

Mohammed Racim

Gläsern, das Tablett wackelte bedenklich auf ihrem Kopf. Plötzlich hörte ich ein Wispern und ein sanftes Knistern über mir. Ich blickte nach oben auf die Galerie, die um den ganzen Saal lief, und sah, halbversteckt hinter dem dunklen Holzgeländer, das strahlende Rosa, Grün und Silber von Frauenkleidern. Die Kinder und die jungen Mädchen waren leise aus ihrem Raum gekommen, um einen Blick auf die Tänzerinnen zu werfen.

Ebenso wie es den Frauen nicht erlaubt ist, sich unter die männlichen Gäste zu mischen, sind auch die Männer von den privaten Vergnügungen der Frauen ausgeschlossen. Selbst in einem liberalen Land wie Ägypten neigen nach meinen Erfahrungen in den Dörfern des Said (des Südens) Männer und Frauen dazu, getrennt zu feiern. In moslemischen Ländern, wo Frauen entweder eine begrenzte oder überhaupt keine Rolle im öffentlichen Leben spielen, ist der Tanz eines der wichtigsten Mittel des Selbstausdrucks und der Selbstbestätigung.

Wie wir gesehen haben, sind Harem und Schleierpflicht für strenge islamische Gesellschaften charakteristisch. Die Ehre einer Frau ist ihre wichtigste Tugend, und sie kann nur dadurch aufrechterhalten werden, daß sie niemals mit der Versuchung auch nur in Berührung kommt. Unantastbarkeit ist nur gewährleistet, wenn sich die Frau verbirgt und lebt wie ein unter Naturschutz gestelltes Wesen. Auch da stoßen wir wieder auf jene durchgängige Vorstellung von den unwiderstehlichen und verzehrenden Kräften der weiblichen Anziehungskraft.

Es ist gesagt worden, daß Frauen in diesen Gesellschaften in der Frage des Schleiers zwar keine Wahl haben, ihn aber doch zu ihrem eigenen Vorteil nutzen können, da er ihnen erlaubt, sich absolut anonym in der Öffentlichkeit zu bewegen. Dazu muß jedoch festgestellt werden, daß die Schleierpflicht keineswegs gleichbedeutend ist mit der Möglichkeit, sich frei zu bewegen. Bei der Beschreibung des Lebens von Saudi-Frauen[77] geht die Ethnologin S. Deaver auf den Gegensatz zwischen deren öffentlichem und privatem Verhalten ein: Auf der einen Seite das Sich-Verbergen mit Hilfe des Schleiers in der Öffentlichkeit, auf der anderen das private Sich-zur-Schau-Stellen mit extravaganten Kleidern und bei Vergnügungen. Die einzigen dabei anwesenden männlichen Haushaltsmitglieder sind Jungen, die noch vor ihrer Pubertät stehen. Ein Motiv, das hinter diesen privaten Vergnügungen steht, sei, so schreibt S. Deaver, die Bejahung der eigenen Schönheit und sexuellen Anziehungskraft. Durch ihr Tanzen vermittle die Frau die Botschaft, daß sie sich ihrer sicher sei und über alle notwendigen Attribute verfüge, um ihren Mann zu halten: »Indem sie sich vor ihresgleichen darstellt, zeigt die Frau ihren Reichtum und ihre Fähigkeit, weiterhin attraktiv für Männer zu sein – was die Quelle ihres Reichtums ist.«

Die Einschränkungen im Leben der saudiarabischen Frauen sind so strikt, daß S. Deaver daran gehindert wurde, auf einem Frauenfest Fotos zu machen, aus Angst, die Bilder könnten Männern in die Hände fallen. Nur einmal erlebte sie, daß auf diesen privaten Zusammenkünften ein unverheiratetes Mädchen auftrat: »Das Mädchen wurde von der Runde nicht als ernsthafte Teilnehmerin angesehen, sondern eher als ein Kind, das bei einer Übung von Erwachsenen mitspielt.«

Die algerische Tänzerin Amel Benhassine-Miller, die in London Beduinentanz unterrichtet, hat darauf hingewiesen, daß der Tanz eher die eng verwobene Intensität der weiblichen Gemeinschaft widerspiegelt als das Element der Konkurrenz. Der Beduinen-Tanz mit seiner gruppendynamischen Betonung ist ein besonders deutlicher Ausdruck dieser Nähe. Frauen improvisieren dabei paarweise und passen sich gegenseitig ihren Bewegungen an. Bei anderen Tänzen tritt jeweils eine Frau aus der Reihe der Tänzerinnen, um zu improvisieren. Aber sie ist immer ein Teil des Ganzen; und nur selten bleibt sie sehr lange Solistin.

Tanzen wird nicht als ausschließliche Domäne der Jugend betrachtet. Es ist eher der Ausdruck der gesamten Lebenserfahrung einer Frau, sei es als Symbol des Glücks und der Fruchtbarkeit, sei es als Hilfe bei der Geburt, als Zeitvertreib, als Form der Therapie oder als Hilfsmittel, um schneller zu arbeiten. Und auch wenn sich die älteren Frauen vielleicht darauf beschränken, Erfrischungen zu reichen, und das Tanzen den jungen Mädchen überlassen, manchmal stellt sich auf diesen privaten Zusammenkünften heraus, daß die, die ihre Jugend schon lange hinter sich haben, die aufregendsten Tänzerinnen sind, da ihr Tanz seinen Reiz aus der Reife und der Fülle schöpft.

Das arabische Schönheitsideal ist nicht auf junge und schlanke Frauen beschränkt, es bezieht die Qualität des Üppigen mit ein, in dem das Versprechen auf mütterliches Beschützen und sinnliches Behagen liegt. Vor einigen Jahren saß ich mit einem marokkanischen Freund in einem kleinen Café in der Nähe von Fez. Es wurde von einer Frau geführt, die vielleicht Ende vierzig war, füllig, mit üppigen Proportionen. Mein Freund konnte seinen Blick nicht von ihr wenden. »Schau nur, wie schön sie ist«, sagte er, und als ich nicht sofort in seinen Enthusiasmus mit einstimmte, fuhr er umso begeisterter fort: »Sie ist wirklich schön. Und sie ist eine wunderbare Tänzerin. Warte, bis du sie siehst.«

Ein paar der jungen Männer im Café baten die Frau zu tanzen, aber sie lachte nur und wimmelte sie ab wie lästige Schuljungen. Doch schließlich verließ sie ihren Platz hinter dem Tresen und begann, in dem engen Raum zwischen den Tischen zu tanzen – eigentlich nur, um ihnen einen Gefallen zu tun. Mit ihren nach oben gestreckten, plumpen, weißen Armen und ihren schwingenden Hüften erinnerte sie mich an eine Galeone mit vollen Segeln. Sie benutzte ihr Gewicht, um die schwere, erdverbundene Eigenart des Tanzes zu verstärken, das Zentrum ihrer Bewegung lag tief im Unterleib, ihre Füße streiften leicht über den Boden.

Sie war kein Einzelfall, diese füllige, reife Frau, die so herrlich tanzte. Sie hatte dasselbe Alter wie einige der gefeiertsten Berufstänzerinnen in der arabischen Welt von heute. Arabische Tänzerinnen brauchen keine Angst zu haben, daß die Tage ihres aktiven Tanzes mit 40 oder 50 vorbei sind. Diese lange Zeit der Blüte deutet auf die Möglichkeiten dieses Tanzes hin, dessen Ausdrucksrahmen durch das Alter eher gewinnt als eingeengt wird und dessen anhaltende Bedeutung im täglichen Leben ein Beweis für seinen Reichtum ist.

Ein Mosaik aus Musik

Diese zarten, vibrierenden Melodien klingen wie das Wispern der Einsamkeit, wie Stimmen der Wildnis, die zu der Seele sprechen, die sich in der Betrachtung des Raumes verliert; sie kreieren eine seltsame Nostalgie, fangen unendlich ferne Erinnerungen ein und beschwören früher gelebte Leben, die wie Verirrte zufällig wieder nach Hause finden.

Théophile Gautier

Eine wichtige Komponente des arabischen Tanzes ist die Musik, niemals bloße Hintergrundmusik, sondern eine Komposition um den Tanz. Zwar ist sie das Hilfsmittel, das die Tänzerinnen führt, doch zugleich sind die Tänzerinnen verantwortlich für ihre Richtung. Die Musiker folgen der Tänzerin und geben ihr verlangte Rhythmen und Stimmungen. Die Tänzerin muß das Timbre der Musik ausdrücken und – etwa bei Improvisationen zu einem Soloinstrument – dessen eigentliches Wesen herauslocken. Eine Tänzerin und ihre Musiker geben einander in unaufdringlicher Weise Stichworte. Gutes Zusammenspiel kann fesselnde Resultate bringen: jeder spornt den anderen an, und gemeinsam entstehen neue Ideen und Empfindungen.

Der Ausdruck »arabische« Musik führt in die Irre. Noten, Rhythmen, Instrumente und Singstil sind von Land zu Land verschieden. Und doch gibt es gewisse Eigenheiten, die man in jeder arabischen Musik findet. Dazu gehört, daß sie – trotz der formalen Struktur – aus der Vergangenheit ein starkes improvisatorisches Moment beibehalten hat und daß sie vor allem melodisch ist. Im Gegensatz zur westlichen Musik hat sich in der arabischen Musik die Benutzung von Harmonien nicht durchgesetzt. Das liegt im wesentlichen daran, daß Harmonie auf einem festen tonalen System beruht (d. h. auf einem unveränderbaren Abstand zwischen den Tönen). Jede Tonleiter in der arabischen Musik hat gewisse Fixpositionen (Töne und Halbtöne) wie die westliche Musik, doch dazwischen gibt es Noten, die keinen festen Platz haben und jedesmal wenn sie gespielt werden, eine etwas andere Position auf der Tonleiter einnehmen. In der arabischen Musik kann eine einzige Oktave (in der westlichen Musik sind das acht gleich weit von einander entfernte Noten)

Bartolini

zwischen 18 und 22 Noten enthalten, mit Intervallen, die nicht mehr als ein Neuntel eines Tones ausmachen.

Die einzigen Kompositionen, die auch einfache Harmonien mit einschließen, sind jene, die auf einer westlichen Melodie und Tonleiter basieren. Man kann sie manchmal bei modernen Orchesteraufnahmen hören. Innerhalb des komplizierten Tonleitersystems der arabischen Musik haben die Instrumentalisten Raum, eine Melodie – etwa in der Art von Jazzimprovisationen – zu erforschen.

Die engste Verbindung zu der ältesten arabischen Musik läßt sich im arabisch-andalusischen Stil finden, der aus dem Maghreb kommt. Die Mauren, so der europäische Begriff für die eindringenden Araber und Berbervölker, waren 700 Jahre in Spanien. Anfang des 8. Jahrhunderts eroberten sie Al-Andalus, wie sie es nannten, und blieben eine Weile lang nicht mehr als eine entfernte Provinz des wachsenden islamischen Reiches. Doch mit der Zeit wurde Al-Andalus, das größer war als das heutige Andalusien, der wichtigste Kanal, durch den die islamische Zivilisation in den Westen gelangte. 750 wurde die Unmayad-Dynastie in Damaskus gestürzt und etablierte sich in Andalusien. Die Unmayaden waren Freunde der alten Kultur und brachten die Musik Ostarabiens nach Spanien, wo sie später durch griechische Einflüsse modifiziert und zur arabisch-andalusischen Musik wurde, die in Nordafrika Wurzeln schlug.

822 kam der Musiker Ziriyab vom abbasidischen Hof in Bagdad nach Spanien und brachte Musikformen aus Persien mit, die in Andalusien überlebten und heute noch im Flamenco weiterexistieren. Im 12. Jahrhundert wurde in Cordoba, das damals das angesehenste kulturelle Zentrum Europas war, das erste Musikkonservatorium gegründet. Zu dieser Zeit sprach die Mehrheit der Andalusier arabisch und war zum Islam übergetreten. Die Vorherrschaft des Islam in Spanien dauerte bis ins 11. Jahrhundert, bis ethnische Auseinandersetzungen und Stammesfehden begannen, die Einheit des Kalifats zerfiel und die Moslems 1492 schließlich aus Europa vertrieben wurden.

Die Mischung der Kunststile im maurischen Spanien hat mehr als die herrlichen, architektonischen Denkmäler hinterlassen. Die Musik Spaniens ist in ihrem Gefühl, ihrem Tempo und ihrem Rhythmus arabischer als europäisch. Der Flamenco ist ein Mosaik aus

Seite 170:
Filippo Bartolini. *Der Hof.* Um 1860. Ölgemälde. Mathaf Galerie, London.

Seite 172:
Persische Oud-Spielerin. Quajar-Dynastie, frühes 18. Jahrhundert. Öl auf Holz. Victoria & Albert Museum, London.

maurischen, andalusischen und Zigeunerelementen. Am deutlichsten zeigt sich die arabische Komponente in seinen frühesten Formen, in den kleinen Pausen etwa, die die Rhythmen voneinander trennen, eine Eigenheit, die sowohl in Liedern wie in Instrumentalkompositionen auftaucht.

Die Gitarre, das Zentralinstrument des Flamenco, entwickelte sich aus der *Oud,* dem klassischen Instrument der arabischen Musik. Die *Oud* liefert sowohl die Melodie als auch den Rhythmus. Sie ist von vielen arabischen Dichtern gefeiert worden und ist die Grundlage der arabischen Musiktheorie. Hergestellt wird sie durch das Aushöhlen eines einzigen Holzblocks. Früher glaubte man, der Gesang der Vögel, die auf den Zweigen des Baumes saßen, aus dem die *Oud* gefertigt wurde, gebe dem Holz die Resonanz und ginge dann auf das Instrument über. Die *Oud* fand über das maurische Spanien ihren Weg in das übrige Europa. Zunächst entwickelte sich aus ihr die Laute und später dann die heutige Gitarre.

Die Musik aller arabischer Länder zu untersuchen würde ein eigenes Buch verlangen. Ich konzentriere mich hier auf den Stil des Mittleren Ostens, am Beispiel der ägyptischen Musik, die die meisten Veränderungen im Lauf der Jahre verarbeitet hat und am engsten mit dem weiblichen Solotanz in Verbindung steht. Die Musik des Mittleren Ostens umfaßt viele Traditionen, unter anderem die des Irak, Ägyptens, des Libanon, Syriens und Jordaniens.

Es ist schwierig, eine Unterscheidung zwischen klassischen und volkstümlichen Stilen zu treffen. Musiker sprechen nicht in Begriffen wie Hofmusik oder unabhängiger Stil, die auf die Antike zurückgehen, auch wenn viele von ihnen den andalusischen Stil Nordafrikas für die Musik halten, die ihre Wurzeln am deutlichsten offenbart. Die klassische Musik ist eine Verfeinerung der Tradition der Volksmusik. Die am wenigsten ausgefeilte Volksmusik Nordafrikas und des Mittleren Ostens ist die Begleitmusik zu den traditionellen Tänzen, etwa die der marokkanischen *Chikhat* und der ägyptischen *Ghawazee.*

Wenn Frauen zusammenkommen, um sich gemeinsam zu vergnügen, machen sie Musik mit Gesang, rhythmischem Klatschen und Getrommel. Dabei benutzen sie die *Bendir* und das Gegenstück im Mittleren Osten, die *Daff.* Es gibt unterschiedliche Arten des Klatschens: formt man die Hände zu Halbkugeln, ent-

Clément Pujol. *Unterhaltung für den Scheich.* 19. Jahrhundert. Mathaf Galerie, London.

Ägyptische Musiker mit Mazhar-Spieler (ganz rechts). Mitte des 19. Jahrhunderts. Colorierte Lithographie. Privatbesitz.

Alex Bida. *Tabla-Spielerin.* Um 1850. Farblithographie. Victoria & Albert Museum, London.

Seite 175:
Persische Tänzerin beim Beshkan (Fingerschnalzen). Quajar-Dynastie. Frühes 19. Jahrhundert. Ölgemälde. Ethnologisches Museum Teheran.

steht zum Beispiel ein dunkler Klang, klopft man mit den Fingern auf die Handflächen, entsteht ein schärferer, deutlicherer Ton. Diese komplizierte Technik des Händeklatschens ist eine besondere Eigenschaft der nordafrikanischen Musik. Die einzige Trommel, die mit Stöcken und nicht mit der Hand geschlagen wird, ist die *Tabl baladi,* eine riesige zweiseitige Kesseltrommel, die an einem Band um den Hals gehängt wird. Ihr tiefer, schwerer Klang macht sie zu einem beliebten Instrument bei offiziellen Feiern wie Hochzeiten oder religiösen Zeremonien.

Die populärsten Rhythmusinstrumente, sowohl in der klassischen wie in der Volksmusik, sind die *Darabouka* (Nordafrika) und die *Tabla* (Ägypten): Große, kelchförmige Trommeln, die mit Fischhaut bespannt sind, was einen tiefen Klang zur Folge hat und guten Spielern, die sie mit der Hand und den Fingern schlagen, die feinsten Variationen erlaubt.

Die raffinierte rhythmische Begleitmusik beim klassischen *Sharqi,* ist eine relativ neue Entwicklung, auch wenn Tänzerinnen in Ägypten und in der Türkei schon lange Fingerzimbeln benutzen, um sich selbst den Rhythmus zu schlagen oder um das rhythmische Element der Musik zu unterstreichen. Die indische Zigeunerin Kathaka benutzte *Klavos,* zwei Paar Holzstöckchen, die später eine runde Form erhielten und mit einem Band verbunden wurden. Alte Illustrationen türkischer und persischer Tänzerinnen zeigen sie mit Holzklappern, die diesen *Klavos* sehr ähnlich sind – und der spanische Flamenco benutzt bis heute Kastagnetten aus Holz. Allerdings werden sie von den Zigeunern oft verschmäht und als »falsches Fingerschnalzen« bezeichnet. Auch im nordpersischen Tanz gibt es dieses Schnalzen: Die Tänzerin hebt die Arme über den Kopf, legt die Handflächen zusammen und produziert, indem sie die Zeigefinger auf eine besondere Art zusammenschlägt, ein erstaunlich lautes und durchdringendes, klackendes Geräusch.

Sagat oder Fingerzimbeln werden heute bei der feierlichen Eröffnung eines Tanzes benutzt. Auf Hochzeiten betritt eine Tänzerin kurz vor der Braut den Raum, um sie »hereinzuzimbeln«. Zugleich bittet die Tänzerin die Gäste mit Hilfe dieser feinen, klingenden Fanfaren um Aufmerksamkeit. Auch wenn die Cabaret-Tänzerinnen am Ende ihres Auftritts an die Tische gehen, benutzen sie manchmal Zimbeln, die bei der Bitte um Trinkgeld für sie »sprechen« sollen.

Die moderne Musik des Mittleren Ostens ist vom Westen auf vielfältige Weise beeinflußt worden, was nicht immer begrüßt wurde. Im Jemen sind Musiker, die traditionelle Melodien spielen, sehr angesehen, während man für jene, die dem westlichen Stil nacheifern, nur Verachtung übrig hat. In Ägypten und im Libanon dagegen wird westliche Musik als Abwechslung inzwischen akzeptiert. Der westliche Einfluß auf die ägyptische Musik geht einmal auf die Modernisierungsversuche im späten 19. Jahrhundert zurück, aber auch auf den späteren Einfluß der Massenmedien, deren Wirkung auf die großen Städte konzentriert blieb. Deshalb sprechen wir nicht von klassischen oder volkstümlichen ägyptischen Stilen, sondern von *Baladi* (Volksmusik oder Musik vom Land) und von der westlichen Musik, der Musik der Städte.

Seit dem späten 19. Jahrhundert wurden neue melodische Tonarten, neue Muster des Metrums und neue Arten der Komposition in die Musik Ägyptens übernommen. Dabei änderte sich die Art der Instrumente, die in einem Ensemble gespielt wurden, und auch deren Auswahl wurde größer. Die *Tabla,* die ursprünglich ein Instrument des *Baladi* gewesen war, setzte sich erst nach dem Ersten Weltkrieg bei den Kapellen durch. Die traditionellen Musikgruppen mit vier oder fünf Instrumenten wuchsen zu ganzen Orchestern; durch die Militärkapellen im europäischen Stil kamen Stück für Stück Blechinstrumente dazu und auch Geige, elektrische Orgel, Akkordeon, Doppelbaß und Cello wurden schließlich als Bestandteil einer ägyptischen Kapelle geduldet.

Je größer die Anzahl und Vielfältigkeit der Instrumente, desto leichter ist es, einen eigenen, durchgehenden Sound zu schaffen. Als die Gruppen von fünf oder sechs Mitgliedern auf die Größe der heutigen Orchester anschwollen, wurde auch die Musik inhaltlich reicher. Mehr Percussionisten sorgten für eine komplexere Ausschmückung der Rhythmen, und eine Musik, die einst vor allem auf Improvisation beruhte, nahm eine hochgradig strukturierte Form an.

Das Resultat dieser wachsenden Komplexität läßt sich in den *Taqasim* sehen, die in langen Kompositionen mehrmals auftauchen. *Taqasim* sind Instrumentalsolos, die die verschiedenen Melodien eines längeren Stückes verbinden und als Zwischenspiel dienen. Während eines *Taqasim* tritt der Instrumentalist (sinnbildlich gesprochen) hervor, um zu improvisieren, während die anderen entweder ihre Instrumente hinlegen oder sonstwie in den Hintergrund treten, wie es auch bei Improvisationen im Jazz üblich ist. Beispielsweise kann ein regelmäßiger Geigenton im Hintergrund den rauhen, klagenden Tönen der *Nai,* einer Bambusflöte, die zu den ausdrucksstärksten Instrumenten der arabischen Musik gehört, Unterstützung geben.

Wenn al Mahdi, einer der letzten Kalifen von Cordoba, sich vergnügte, soll der Klang von hundert Flöten und hundert Lauten erschollen sein. Die *Nai* hat einen klagenden, sehnsuchtsvollen Klang, der einem Schauer über den Rücken jagt. Oft werden die meditativen und spirituellen Elemente eines Tanzes von diesem Instrument getragen. Im Laufe eines längeren Musikstückes gibt es im allgemeinen drei oder vier *Taqasim,* zur *Nai,* zur *Oud,* zur Geige und zur *Kanoon.*

Die *Kanoon* ist eine Vorgängerin der Harfe und des Klaviers. Sie wird mit Plektrum gespielt. Man nimmt an, diese Tradition rühre daher, daß man in frühesten Zeiten lange Fingernägel beim Spielen benutzte. Die *Kanoon* füllt den Raum mit einer sanften Vibration, die sich im Tanz in intensiven, zitternden Bewegungen niederschlägt. Sie beginnt mit einem *Taqsim,* der zunächst einige wenige Noten umspielt und sich dann allmählich ausweitet, um ein Klangkaleidoskop zu schaffen. Dazu kommt vielleicht ein »Puls« oder leiser Rhythmus, der das Soloinstrument unterstützt, während der *Taqsim* in eine höhere Tonart wechselt, die melodische Muster ausschmückt, um sich dann langsam wieder nach unten in die ursprüngliche Tonart zu schrauben. Der *Taqsim* kann aber auch in neue Tonarten überleiten. Die Quali-

Seite 176, oben:
Levni. *Türkische Cengi mit Holzklappern.* 18. Jahrhundert. Miniatur. Topkapi-Palast-Museum. Istanbul.

Seite 176, unten:
Leichenstein und Harari. *Kaffeehaus-Unterhalter in Ägypten.* (Die Instrumente von links nach rechts: *Sagat, Reque und Daff*). Nach 1990. Postkarte. Privatbesitz.

tät von Musikern wird daran gemessen wie viele Tonleitern sie in einem einzigen *Taqsim* durchspielen, bevor sie zum Ausgangspunkt der Improvisation zurückkommen.

Taqasim werden mit rhythmischen und von der ganzen Kapelle gemeinsam gespielten Passagen verbunden, wie Perlen auf einer Schnur. Es ist, als ob die Band im Chor dem, was das Soloinstrument gesagt hat, seine Zustimmung gibt. *Taqasim* haben im allgemeinen kein Metrum und werden niemals in gleicher Art wiederholt. Verschnaufpausen nach jeder längeren Passage geben dem Publikum Gelegenheit, den Musikern ihre Anerkennung zu zeigen. Ich habe auf seiten der Zuhörer schon ekstatische Ausbrüche erlebt. (Der übliche Ruf *Y'Allah!* – O, Gott! – ist der Ursprung des spanischen *Olé*.)

»Für manche Menschen ist die Musik das Fleisch, für andere die Medizin«, sagt ein altes arabisches Sprichwort. Die Musik hat im arabischen Leben traditionell einen besonderen Platz, und es gibt eine Unzahl von Beiträgen zur Musiktheorie. Eine junge Sängerin war in jedem mittelständischen arabischen Haushalt so üblich wie im viktorianischen England ein Klavier.

Im Mittelalter waren besondere *Magamat* (Tonleitern) mit den Tierkreiszeichen verbunden; von manchen *Magamat* nahm man auch an, daß sie therapeutische Einflüsse hätten und bestimmten mentalen Zustandsformen zugeordnet werden könnten.

Während des Aufstiegs des Kalifats hatten die Musiker an den Höfen von Persien bis Spanien ihren Platz. Dennoch stand der Islam, wie man sich denken kann, der Musik zwiespältig gegenüber. Während er ihre frommen Elemente duldete, verurteilte er ihre frivolere Seite, die ihm als mögliche Ablenkung erschien, konnte sie doch die Seele vom rechten Zustand der religiösen Versenkung weglocken. Der Koran verurteilt die Musik nicht, aber einige Sprüche aus dem Koran lehnen sie ab. Nach dem Tod des Propheten warnten manche Kalifen vor den Einflüssen der Musik:

Sie mindert die Bescheidenheit, erhöht die Lust und schwächt die Zeugungskraft. Sie ist wie der Wein und wirkt wie starker Alkohol. Wenn du sie unbedingt haben mußt, so halte wenigstens dein Weib von ihr fern, denn Lieder fördern nur die Unzucht.[78]

Vor dem Islam war die Vorherrschaft der Frauen in der Musik so groß, daß Männer, die Berufsmusiker

Seite 178:
Türkische Kanoon-Spielerin. 1714. Radierung nach J. B. Van Mour. Victoria & Albert Museum, London.

Seite 180:
Muhammad Racim. *Abend in Algier.* 1832. Miniatur.

Mohammed Racim

werden wollten, als weibisch galten. Mit der Wegschließung der Frauen in den Harem betraten dann männliche Musiker die Szene und ahmten die Frauen nach, manchmal trugen sie sogar Frauenkleider und färbten sich die Hände mit Henna. Sie wurden als Mukhannath (die Weibischen) bekannt, und obwohl der berühmteste von ihnen den Titel »Vater des Liedes« errang, wurde er dennoch wegen seines Berufes aus der heiligen Stadt Medina ausgewiesen.

Die Unmayaden führten die musikalische Unterhaltung als Teil des Hoflebens in Damaskus ein. Sie wurden wegen ihres Mäzenatentums offen kritisiert, insbesondere was die Musik anging, die wegen der spirituellen Leidenschaft, die sie auslösen konnte, als Götzenverehrung und damit als Konkurrenz des Koran angesehen wurde. Die Nachfolger der Unmayaden, die Abbasiden, behielten die Tradition der Musik als Teil des höfischen Lebens bei, aber in etwas diskreterer Form. Der abbasidische Kalif al-Mahdi war ein bekannter Förderer der Kunst, als er jedoch erfuhr, daß einer seiner Musiker aus einer adligen Familie stammte, zögerte er nicht, ihm einen Verweis zu erteilen: »Du ... Ein Mitglied der Quraish und Berufsmusiker! Was für eine Schande!«

Musik ist eine Kunst, die wie keine andere Stimmungen und Erinnerungen beschwört. Die Angst, daß sie aufgrund ihrer Macht Menschen dazu bringt, ihre Selbstkontrolle zu verlieren und in allen möglichen unerlaubten Übungen zu schwelgen, hat in islamischen Ländern immer wieder zu ihrem Verbot geführt.

Viele Reisende des 19. Jahrhunderts haben die hypnotische Wirkung der arabischen Musik beschrieben. So bemerkte Charles de Carcy:

Sie überrascht einen; anfangs attackiert sie die Ohren des Zuhörers, dann aber gewöhnt er sich an sie; man hört ihr zu, ohne zu ermüden; und schließlich bringt sie einen in eine Art Schläfrigkeit oder Trance, die keineswegs unangenehm ist und der zu widerstehen man weder die Kraft noch den Willen hat.[79]

Um die arabische Musik zu schätzen, muß man sich von der westlichen Erwartung frei machen. Es gibt Wechsel und Variation, aber in sehr subtiler Form. Der hypnotische Effekt ist mit Wellen verglichen worden, die sich am Ufer brechen. Das ist ein angemessener Vergleich, denn keine Wellen brechen sich je auf dieselbe Art, und auch ihr Klang ist nie der gleiche. Je

Edmund Dulac. *Musikalische Unterhaltung aus 1001 Nacht.* Buchillustration.

Persische Musikerin. 1841. Radierung nach Louis Dubeux. Victoria & Albert Museum, London.

Persische Musikerin. 1841. Radierung nach Louis Dubeux. Victoria & Albert Museum, London.

mehr wir arabischer Musik zuhören, desto mehr wird es uns gelingen, ihre feinen Nuancen zu unterscheiden.

Das Interesse an ethnischer Musik, ein Erbe der 60er Jahre, hat sich vor allem auf Afrika und, in geringerem Ausmaß, auf Indien konzentriert. Erst seit kurzem wendet es sich der arabischen Welt zu. Viele westliche Musiker entdecken arabische Rhythmen und Musikstile. Ihre Zusammenarbeit mit Musikern Nordafrikas und des Mittleren Ostens bringt eine interessante Verschmelzung dieser unterschiedlichen musikalischen Traditionen. Manchmal wird gegen diese Experimente eingewandt, daß sie zu einem Verlust der musikalischen Reinheit führten. Doch wie sieht es um diese Reinheit aus? Die Zigeuner, die Indien verließen, die arabische Welt durchquerten und Spanien im 15. Jahrhundert betraten, hinterließen in der Musik dieser absolut verschiedenen Länder fesselnde Erinnerungen. Ihr wichtigster Beitrag zur lokalen Volksmusik war die Entwicklung komplexer Rhythmen, die Ausschmükkung der Melodie und eine Vorliebe für Molltonarten. All das sind zentrale Charakteristika der arabischen Musik. Hätte sich, so könnten wir fragen, die arabische Musik so entwickelt, wie sie es getan hat, ohne die Übernahme der Neuerungen, die von den Zigeunern aus anderen Ländern mitgebracht wurden?

Es besteht immer die Gefahr, daß beim Buhlen um Erfolg in der Öffentlichkeit schlecht passende Elemente der westlichen Tradition in die arabische Musik eingeflochten werden, um sie einem westlichen Publikum zugänglicher zu machen. Die moderne ägyptische Musik mit ihren internationalen Einflüssen und ihrer großen Orchestrierung ist in der Vermischung der arabischen Musik am weitesten gegangen.

Wie jede Kunst behält auch die Musik ihre Vitalität und Frische nur, wenn sie Anregungen von außen aufnimmt. Aber seien es die Neuerungen der Zigeuner vor Hunderten von Jahren oder die der Populärmusik von heute, in jedem Fall tragen sie auf ihre Weise zu dem reichen Mosaik einer lebendigen musikalischen Tradition bei.

Neue Richtungen

Es war die Biegsamkeit der Schlange, vereinigt mit der Grazie der Gazelle.

Paul Lenoir

Einmal gab ich eine Vorstellung mit einer tunesischen Tänzerin, die als Solonummer einen Trance-Tanz präsentierte. Wir traten in einer Londoner Kunstgalerie auf. Ich stand hinter der Bühne und sah zu, wie sie einen marokkanischen Tanz der Gnaouias aufführte. Da bemerkte ich, wie sich ein iranischer Freund von mir einen Weg durch das Publikum zur Bühne bahnte. Auf dem Boden saßen sehr viele Leute mit gekreuzten Beinen auf Kissen und Teppichen, und es war nicht leicht, durch die Menge zu gelangen. Hatte er die Absicht mitzutanzen? Das hielt ich für unwahrscheinlich. Allerdings ist es bei begeisterten Zuschauern aus dem Mittleren Osten möglich, daß sie aufspringen, auf die Bühne stürmen und mittanzen.

Die Musik hörte auf, und die tunesische Tänzerin kam hinter den Vorhang und sagte außer Atem: »Ich bin vorhin fast in Trance gefallen. Ich konnte mich gerade noch einfangen.« Mein iranischer Freund erzählte uns später, daß er bemerkt habe, wie nahe sie diesem Punkt war. Er sei nach vorne gerannt, um ihr, wenn nötig, zu helfen. Wenn ein Trance-Ritual Teil eines Theaterprogramms ist, darf sich die Darstellerin nicht im Tanz verlieren. Sie muß einen Teil ihres Bewußtseins bewahren, um die Situation unter Kontrolle zu halten. Trance-Tanz ist eher ein Ritus für den Körper als für das Auge, und es gibt Tänzer, die der Ansicht sind, er passe nicht in ein Theaterprogramm. Wenn er in einer solchen Umgebung dargeboten wird, kann es sich nur um ein Fragment handeln, eine Kurzfassung der verschiedenen Phasen, die jemand auf seiner Reise in die Selbstvergessenheit durchläuft.

Manche Darstellerinnen nehmen den Trance-Tanz mit anderen Tänzen in ihr Programm auf, um die Vielfalt des arabischen Tanzes zu demonstrieren. Andere kombinieren Tanz mit Kurzgeschichten, Anekdoten und Gedichten, um das westliche Publikum über Leben und Gebräuche der islamischen Welt zu informieren. Als Theaterkunst ist der arabische Tanz nicht aus-

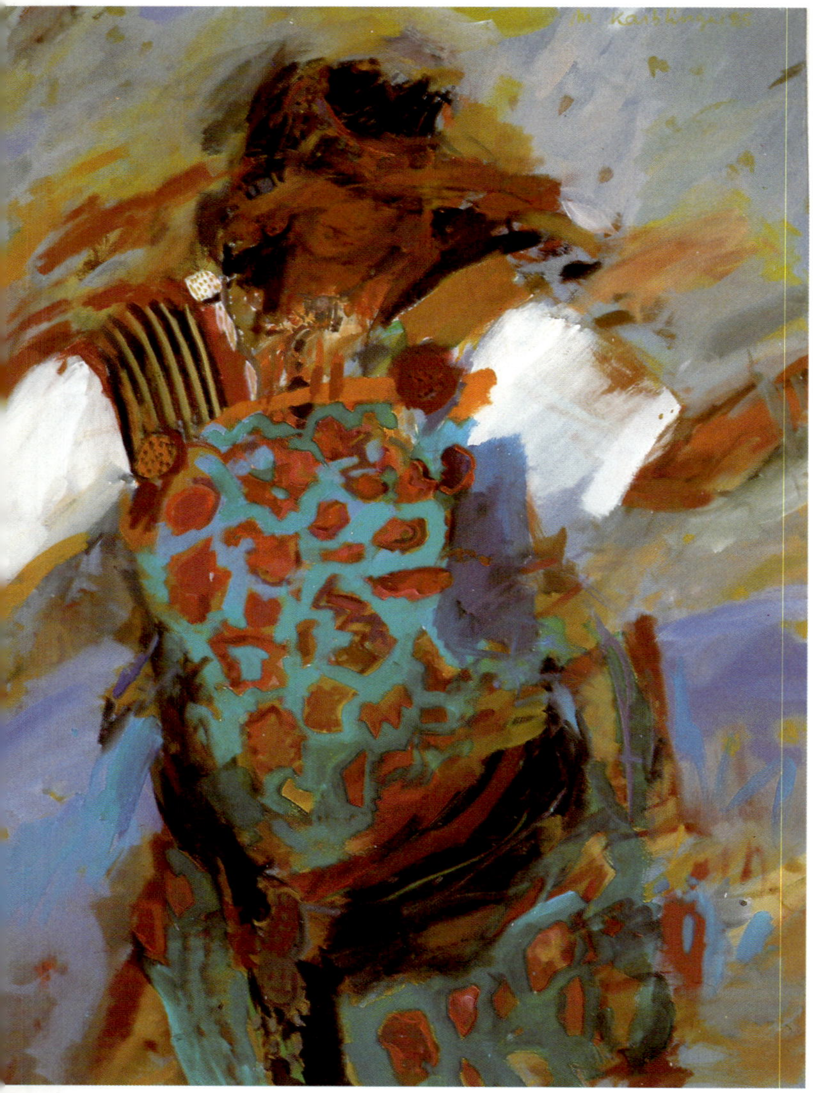

Monika Kaiblinger. *Tänzerin aus Tanger.* 1986. Ölgemälde. Privatbesitz.

gereift, sondern befindet sich noch immer auf der Suche.

Da der arabische Tanz vor allem eine persönliche Ausdrucksform ist, paßt er nicht in eine unpersönliche Umgebung. Da sich die Zeiten jedoch ändern, und das Interesse am arabischen Tanz wächst, wird er inzwischen in formeller Umgebung präsentiert, wo – zumindest im Westen – das Publikum nicht mit der Begeisterung reagiert, mit der der Tanz in seinem eigenen kulturellen Zusammenhang oft begrüßt wird. Für dieses zurückhaltende und kritische Publikum, das in ordentlichen Reihen in dunklen Theatern sitzt, ist es notwendig, jeden Aspekt des Tanzes neu zu bestimmen: die Kostüme, die Länge und Art der Programmnummern und seine künstlerisch-erzählerischen Möglichkeiten.

Die Entwicklung des arabischen Tanzes als Kunstform auf der Bühne hat bislang im Solo die höchste Stufe erreicht. Im Lauf der Jahre entfaltete der *Baladi* eine Technik, die den begrenzten Auftrittsbedingungen angepaßt war. Aber trotz einer großen Bühne achten die Darstellerinnen des *Baladi* auch heute darauf, mit wenig Raum auszukommen. Während sie intensive und schwierige Bewegungen des Unterleibs und der Hüfte vollführen, bleiben sie auf einer Stelle und heben nur gelegentlich die Arme und halten sie ausgestreckt. Im *Baladi* zeigt die Tänzerin jedem einzelnen Zuschauer, egal wo er sitzt, den Ablauf der Bewegungen – von hinten, von vorne, von der Seite.

Im Gegensatz zum Ballett – einem fertigen Produkt für ein unpersönliches Publikum – lebt der *Baladi* aus dem Kontakt mit dem Publikum und den Musikern, und nur aus diesem Grund ist er niemals durchchoreographiert. Dennoch muß eine professionelle Tänzerin Tableaus oder Bilder im Kopf haben, in denen sie bestimmte Bewegungsabläufe verwendet, die mit den verschiedenen Phasen der untermalenden Musik korrespondieren. Jedes Bild ist mit dem anderen verbunden, aber innerhalb des Gesamtablaufs ebenso in sich geschlossen und wichtig wie die Bilder davor und danach.

Das Muster eines Tanzes läßt sich mit einem Orientteppich vergleichen, in dem jedes einzelne individuelle Design seine eigene Schönheit und Qualität besitzt. Wenn wir so einen Teppich betrachten, konzentrieren wir uns ebensowenig auf ein Hauptmotiv wie beim Tanz. Jedes Passage führt zu einer Auflösung oder einem Höhepunkt und nicht zu einer allgemein gültigen Lösung. Manchmal kommt die Tänzerin zu keinem Abschluß, sondern verläßt, immer weiter tanzend, die Bühne und überantwortet die Weiterführung unserer Phantasie. Auch das ist vergleichbar mit einem Orientteppich, dessen Design sich bis in den Rand fortsetzt, ein Endlosmuster, das weiter und weiter gehen und sich auf immer neue Weise wiederholen kann.

Wenn man den *Baladi* mit dieser Art ornamentaler Kunst vergleicht, wird offenbar, daß er sich über die Jahre auf eine Weise entwickelt hat, die sehr eng mit dem abstrakten und stilisierten Wesen der islamischen Kunst harmoniert. (Dennoch ist der Tanz der Frauen oft von islamischen Fundamentalisten verurteilt worden.) Bei dieser Tradition hat kein natürliches Objekt

Amel Benhassine-Miller und Dawson Miller in einem algerischen Trance-Tanz. 1988. Fotografie. Privatbesitz.

Seite 187:
Die Autorin in einem Baladi-Kleid, gefertigt aus Asiut-Stoff aus dem 19. Jahrhundert. 1988. Privatbesitz.

Chiparus. *Thais.* Um 1930. Figur aus Bronze und Elfenbein. Privatbesitz.

Modell gestanden. Seine geometrischen Motive und fließenden Arabesken rufen vor allem ein Gefühl der Beschaulichkeit und Ruhe hervor. Sie geben dem Auge Frieden und besänftigen den Geist, anstatt ihn zu zerstreuen. Genau diese Art von Ruhe, die beim Publikum ausgelöst wird, ist eines der Hauptmerkmale des *Baladi.* Sein Wesen ist innerer Rhythmus und Ruhe, ein Ausgleich zwischen Zurückhaltung und Hingabe.

Gobineau hat auf die magnetisierende Wirkung und den »hypnotischen Rausch« des *Baladi* hingewiesen. »Sein Wiederholungscharakter und die unveränderten Rhythmen führen zu einer angenehmen Betäubung der Seele«, fügte er hinzu. Als Gobineau diese Eindrücke vor hundert Jahren niederschrieb, war der Tanz vermutlich weniger komplex als heute. Ebenso wahrscheinlich ist es allerdings, daß er die Feinheiten nicht wahrnahm, denn die komplizierten Einzelheiten eines Tanzmusters erkennt man nur bei genauester Beobachtung. Eine Tänzerin kann eine Welle kräuselnder Bewegungen durch ihren Rumpf schicken, bis sie in den Hüften zur Ruhe kommt. Wenn die Bewegung ins Bekken sinkt, entstehen horizontale wellenförmige Muster um die Hüften herum, kreisende, sich überschlagende Figuren, die fließend ineinander übergehen. So entsteht ein Muster, das sanft den Körper hinauf- und hinuntergleitet, bis sich die Musik ändert und eine neue Stimmung, eine neue Bewegungsart verlangt. Bei diesem Wechsel kann die Tänzerin eine Pause machen und damit einen Moment absoluter Stille schaffen, um die abgeschlossene Figur einzurahmen, bevor sie zur nächsten übergeht. In einem solchen Moment gibt es eine gewisse Spannung: das Auge des Zuschauers ruht aus, aber der Geist ist wach und gespannt darauf, was folgen wird.

Wiederkehrende Bewegungen schaffen Einheit in einem Tanz. Ihre Anordnung ist jedoch – zusammen mit den Schrittkombinationen – vom individuellen Stil jeder Darstellerin abhängig. Eine begabte Tänzerin schafft ihre eigenen Bewegungen, die sie dem technischen Grundrepertoire des *Baladi* hinzufügt. Sie beherrscht spontane Anpassung und Improvisation, je nachdem wie es die Situation verlangt. Das gilt vor allem für die räumlichen Bedingungen (die vielleicht nicht zu ihrer Choreographie passen) und die Eigenheiten ihrer Musiker, von denen sie ganz besonders abhängig ist.

Bei langer Zusammenarbeit lernen die Musiker den Stil einer Tänzerin kennen und ahnen ihre Bewegungen ebenso wie den Rhythmus und die Tempi, die sie braucht. Eine Profitänzerin wird es schwierig finden, mit einer Band aufzutreten, die sie vorher nie gehört hat. Die Band kennt ihren Stil nicht, und das heißt, daß die Tänzerin ganz besonders auf den Stil der Band achten muß. Wenn die Sache nicht gut läuft, wird sie auf die Improvisation zurückgreifen und kann in der Pause den Musikern unauffällig erklären, was sie will.

Die Reiseschriftsteller haben uns ein lebendiges Bild des *Baladi* zwischen dem 18. und dem frühen 20. Jahrhundert vermittelt. Im späten 19. Jahrhundert war vermutlich seine Blütezeit. Denn ab dieser Zeit, als die arabischen Künstler nach Europa und in die USA kamen und begannen, ihrem Tanz fremde Elemente beizumischen, wandelte sich – wie wir gesehen haben – das grundsätzliche Gefühl des *Baladi.*

Mit diesem Wandel begann eine Trennung der Stile. Dem Hauptstamm des Tanzes entsprang ein neuer Zweig. Denn einerseits behielt der *Baladi* sein traditionelles Aussehen und Gefühl, änderte sich aber im Ganzen, um sich den neuen Entwicklungen in der Musik anzupassen. Auf der anderen Seite aber brach er in eine radikal neue Richtung auf, und es entstand ein frischer Stil, der heutige *Raks al Sharqi.* Diese beiden Stile unterscheiden sich auf interessante Weise voneinander.

Die *Baladi*-Musik hallt tief im Bauch wider und verankert dadurch das Zentrum der Bewegungen in den Hüften. Es dominieren rollende, wellenartige und schimmernde Bewegungen, die Arme sind locker, die Ellbogen schwer. Da der *Baladi* auf flachen Sohlen oder Fußballen getanzt wird, wirkt er schwerfällig und erdverbunden. Er besitzt überdies eine große Eindringlichkeit, die der Begleitmusik entspricht, es geht um Leid und enttäuschte Liebe. Da der *Baladi* in den Städten entwickelt wurde, enthält er ein Element der Melancholie: Er trauert um den Verlust der bäuerlichen Tradition und beklagt die Probleme des Stadtlebens. Ein sehr weiblicher Tanz, erotisch und fatalistisch. Nach den Worten des ägyptischen Musikers Hossam Ramzy besitzt er »all die Verlockungen des Ghettos«. Die Begleitmusik wird vom Akkordeon oder der Elektroorgel dominiert, dahinter stehen die Percussionselemente. Der *Baladi* von heute wird ständig verfeinert

und ist in Ägypten von Stadt zu Stadt und von Gegend zu Gegend verschieden.

Sharqi, ist eine Mischung aus dem *Baladi* und vielen verschiedenen Tanztraditionen. Im *Sharqi* kann man Elemente des indischen, persischen und türkischen Tanzes finden. Manchmal nennt man ihn den klassischen Stil, womit angedeutet wird, daß er der raffinierteste und ausgefeilteste Tanz der arabischen Welt ist. Den asiatischen Einfluß auf den *Sharqi* kann man an seiner Ausgeglichenheit und seiner Würde erkennen; die Kopf-, Hand- und Armbewegungen sind aus Indien übernommen, aus der Türkei stammt das biegsame Rückgrat.

Zusätzlich zu diesen Einflüssen hat der *Sharqi* auch eine Reihe von westlichen Elementen aufgenommen. Die erste Vertreterin dieses Stils ist Samia Gamal, die in den 30er Jahren in ägyptischen Filmen zu sehen war. Sie reicherte ihren Tanz mit ballettähnlichen Formen an und begann ihren Auftritt in einem durchsichtigen Schleier. Heute ist es beim *Sharqi* zur Regel geworden, den Tanz im Schleier zu eröffnen.

Das Bewegungszentrum des *Sharqi* liegt eher im Oberkörper als in den Hüften. Mit seinem gestreckten Rückgrat und den Armen, die graziös über dem Kopf gehalten werden, trifft sich der *Sharqi* mit dem Ballettideal schwebender Bewegung und der Schönheit ausgestreckter Linien. Er wird eher auf den Fußballen getanzt als auf der ganzen Sohle und ist im Rhythmus verankert. Die *Tabla* sorgt für eine Grundstruktur der Musik, bringt den Körper in Bewegung und lenkt die Hüften, während die Melodie ihren Weg um diesen stabilisierenden Grundschlag sucht.

Es ist ein langer Tanz, er dauert zwischen 15 und 30 Minuten. Verschiedene Lieder und Melodien werden in einer Weise miteinander verbunden, daß die Tänzerinnen die Möglichkeit haben, das reiche Repertoire des *Sharqi* zu entfalten. Eine typische *Sharqi*-Komposition besteht aus einer Eröffnung im upbeat und einer Reihe von Melodien, verbunden durch drei oder vier *Taqasim* auf der *Oud*, der *Nai*, der *Kanoon* und der Geige. Während der *Taqasim* versucht die Tänzerin die Gefühle auszudrücken, die von diesen Instrumenten angesprochen werden.

Ich erinnere mich, daß mir eine Tänzerin über den Ton der *Nai*, mit seinen abwechselnd hellen und heiseren Noten einmal sagte, er ließe sie an eine Schlange denken, daher versuche sie die Bewegungen einer

Schlange nachzuahmen. Ein *Nai-Taqsim* besteht häufig in Bewegungen der Arme, Schultern und des Oberkörpers und drückt mehr die spirituellen Aspekte des Tanzes aus. Die *Kanoon,* ein Instrument, das schimmernd-vibrierende Töne erzeugt, führt zu einem intensiven Zittern der Muskeln, meistens in den Hüften, doch die Bewegung kann auf den ganzen Körper ausgedehnt werden.

Auf die *Taqasim* folgt ein Trommelsolo, aus dem die *Tabla* hervorsticht. Dies ist einer der beliebtesten Teile des Tanzes beim Publikum, und es reagiert instinktiv auf die hart geschlagenen, spielerischen Rhythmen. Das Trommelsolo ist ausgelassen und kühn, und wenn eine Tänzerin mit ihrem *Tabla*spieler gut harmoniert, kann es für sie der vergnüglichste Teil des Tanzes sein. Klatscht das Publikum mit und ist die Musik gut, so wird diese Unterstützung und Resonanz die Tänzerin dazu anregen, vor allem den Aspekt der Gemeinsamkeit herauszustellen und das Publikum am Humor und der Verspieltheit des Tanzes zu beteiligen. Das *Tabla*-Solo ist dann der letzte tänzerische Höhepunkt. Darauf folgt eine Abschlußmelodie im upbeat, in die die ganze Gruppe mit einfällt, und die Darbietung endet mit einem triumphierenden Tusch.

Die wenigsten haben Interesse daran, einem Tanz über längere Zeit zuzuschauen. Viele Leute, die ohne lange Überlegung ins Kino oder ins Theater gehen, zögern bei der Vorstellung, sich als Abendvergnügen mit der ihnen fremden Sprache des Tanzes auseinanderzusetzen. Dennoch sind die Menschen heute wie vor 200 Jahren vom arabischen Tanz begeistert, wenn sie ihn das erstemal erleben. Und selbst die weniger Interessierten kommen immer wieder.

Allerdings müssen wesentliche Qualitäten geopfert werden, wenn der Tanz als Theaterkunst vorgeführt wird. Im Rahmen eines geselligen, kleinen Zusammentreffens, einer Hochzeit oder einer privaten Zusammenkunft, bei der andere Interessen im Vordergrund stehen, sind die Wiederholungen des Volkstanzes und sein begrenztes Repertoire unwichtig. In einem dunklen Zuschauerraum jedoch gibt es nur den Tanz. Um die Aufmerksamkeit des Publikums zu behalten, muß ein Teil des improvisatorischen Elements ebenso geopfert werden wie bestimmte Feinheiten in den Bewegungen, die westlichen Zuschauern, die arabischen Tanz nicht studiert haben, nichts sagen. In dieser Situation werden Choreographie und Variation besonders wichtig.

Jawad Selim. *Tänzerin.* Um 1950. Aquarell. Privatbesitz.

Seite 188:
Chiparus. *Dourga.* Um 1930. Figur aus Bronze und Elfenbein. Privatbesitz.

Tänzerin der Ouled Nail. Um 1930. Bronzefigur. Privatbesitz.

Wenn eine Volkskunst, die ihrem Wesen nach spontan ist, in Choreographie und Kostüm gezwängt wird, besteht immer die Gefahr, daß der Geist des Originals verlorengeht. Die wohl schwierigste Aufgabe derer, die den arabischen Tanz für ein Theaterpublikum in ein Programm von eineinhalb Stunden oder mehr übersetzen wollen, besteht darin, eine Balance zwischen Wiederholung und Variation, zwischen Story und Improvisation zu finden.

Dasselbe ließe sich über die Balance zwischen Virtuosität und Intensität sagen. Ein arabisches Publikum schätzt Leidenschaft und Gefühl ebenso hoch wie Virtuosität, während das westliche Publikum eher auf technische Perfektion achtet. Doch auch wenn es wichtig ist, das Vokabular des Tanzes zu beherrschen, so geht es weder im *Baladi* noch im *Sharqi* noch in irgendeinem anderen der Volkstänze nur um Technik.

Blendende Virtuosität mag uns beeindrucken, aber wenn eine Tänzerin nur daran interessiert ist, ihre technische Brillanz zu zeigen, läßt uns ihre Darstellung kalt. Es ist, als würde einem eine außergewöhnliche Blume ohne Duft gezeigt. Eine große Tänzerin versucht, den Duft zu kreieren, und wirft die Blume dann ins Publikum, statt sie in einem Glaskasten zu präsentieren. Technik ist das Mittel der Tänzerin, ihr Instrument, die Botschaft des Tanzes zu transportieren; aber sie ist nicht die Botschaft selbst. Eine begabte Künstlerin befindet von Zeit zu Zeit ihre eigenen Bewegungen, um sie dem Grundrepertoire des Tanzes hinzuzufügen.

Als Kunstform mußte der Flamenco ähnliche Probleme lösen wie der arabische Tanz. Die Schwierigkeiten ergeben sich aus der Kommerzialisierung einer Kunst, die eigentlich für einen kleinen Kreis bestimmt ist. Auch der Flamenco wurde traditionell in Alltagskleidung getanzt. Als er aber die kommerzielle Arena betrat, änderte sich sein Kostüm, wenn auch weniger dramatisch als beim arabischen Tanz.

Kürzlich sah ich eine Flamencotänzerin mit einer braunen Bluse und einem Rock in einem anderen Braunton. Sie trug kein Tuch, keine Blume im Haar und keinerlei Schmuck. Sie trat vor einem schwarzen Bühnenhintergrund auf, ich saß ganz hinten im Zuschauerraum. Sie elektrisierte ihr Publikum, und das schmucklose Kostüm verhinderte das in keiner Weise. Sie benutzte keine Tricks und nur wenig Choreographie; aber sie schlug das Publikum mit ihrem Können und ihrer Leidenschaft in Bann. Als der Tanz vorbei war, brachen Begeisterungsstürme los.

Bei der Entwicklung einer Theaterkunst, die sich von unpassenden Verbindungen freihält, ist es wohl nötig, jede Art von Kostüm zu vermeiden, die einen an kommerzielles Cabaret denken läßt (das seine eigenen Fähigkeiten und Kostüme verlangt). Arabische Kleidung des 19. Jahrhunderts, mit den vielen bunten Rökken und Tüchern, dem Schmuck und den kunstvollen Kopfbedeckungen, könnte als erste Anregung bei der Gestaltung eines neuen Kostüms für den Tanz dienen. Ob dieses Kostüm dann das richtige ist oder nicht, hängt davon ab, ob es zu der Botschaft paßt, die die Tänzerin vermitteln will, oder ob das Bild, das es beschwört, im Gegensatz zu dieser Botschaft steht. Das gilt vor allem für das Kostüm beim *Sharqi,* wo man am besten experimentieren kann.

Parallel zu der Zusammenarbeit zwischen arabischen und westlichen Musikern gibt es eine Zusammenarbeit von Tänzerinnen, die an einer Verschmelzung verschiedener Traditionen arbeiten, indem sie deren gemeinsame Elemente erforschen. Manche Künstlerinnen versuchen die vergessenen Tänze des Mittleren Ostens wiederzubeleben, etwa den Tanz, der auf den Fresken des pharaonischen Ägypten dargestellt wird. Dieses Unterfangen wirft die Frage nach Authentizität und Reinheit auf. Wir können nicht mit Gewißheit sagen, wie ein Tanz aussieht, den es Jahrtausende nicht gegeben hat. Letztendlich können wir nur spekulieren und dabei die Vergangenheit als Inspiration benützen, um Tänze zu schaffen, die auf dem Leben einer früheren Zeit basieren. Die Reinheit der Form ist ein relatives Konzept. Das gilt vor allem für den *Sharqi,* der nicht nur aus Asien und aus dem Westen sehr viel übernommen hat, sondern auch aus der Welt des Cabarets. *Sharqi* ist die am wenigsten reine arabische Tanzform und vielleicht gerade aus diesem Grund am meisten für Neuerungen offen.

Künstlerinnen, die den Solotanz in theatralische Begriffe fassen wollen, verleugnen manchmal sowohl seine Ursprünge wie sein erotisches Element. Sie sehen letzteres als einen Auslöser von Peinlichkeiten an, die dem Tanz die Möglichkeit nahmen, je zu einer respektierten Kunstform zu werden. Inzwischen werden die vom Staat subventionierten Tanzgruppen in der arabischen Welt gezwungen, dieses Element herunterzuspielen und den Auflagen ihrer Geldgeber zu entsprechen.

Amel Benhassine Miller bei einem algerischen Beduinentanz. 1988. Fotografien. Privatbesitz.

Leon Bakst. *Kostümentwürfe für ›Cleopatra‹ für die Ballets Russes.* Frühes 20. Jahrhundert. Aquarell. Privatbesitz.

Das erotische Element des arabischen Tanzes ist immer mehr in den Schatten gerückt worden. Das ist schade, denn es trifft den *Baladi* und den *Sharqi* in ihren Ursprüngen. Das erotische Element kann aus dem arabischen Tanz ebensowenig ausgeklammert werden wie etwa aus dem westlichen Ballett. Kunst ist eine Reflexion der menschlichen Erfahrung in ihrer Gesamtheit. Daß die Erotik in den meisten Kulturen der Welt einen negativen Beigeschmack bekommen hat, bedeutet nicht, daß sie aus der Kunst ausgeschlossen werden sollte. Notwendig ist vielmehr eine Neubewertung.

Es ist in diesem Zusammenhang von Interesse, den indischen Tanz zu betrachten. Im Laufe der vergangenen Generationen ist es ihm gelungen, sich von dem negativen Image zu befreien, das dem des arabischen Tanzes entsprach. Beide Tanzformen haben ähnliche Wurzeln und sind aus sehr ähnlichen Gründen bekannt geworden. Die Rehabilitierung des indischen Tanzes gelang nicht ohne westliche Unterstützung, schon um den westlichen Puritanismus zu besänftigen. So bemerkte ein Autor zu dem Thema:

Ohne die moralische Unterstützung der westlichen Meinung ist zu bezweifeln, daß junge Frauen aus gutem Hause die Verwegenheit besessen hätten, mit dem Studium einer antiken Kunst zu beginnen, die vor so kurzer Zeit noch für verdorben gehalten wurde.[80]

Die indische Kultur ist eine der wenigen, die die sexuelle Energie in ihrer Kunst ohne jede Spur von Negativität feiert, ja sie als einen Aspekt der spirituellen und transzendentalen Erfahrung begrüßt. Das Interesse an einer Neubewertung des indischen Tanzes war erfolgreich, allerdings nur auf Kosten seiner erotischen Aspekte, die in den Büchern zu diesem Thema nicht einmal gestreift werden.

Es wäre schade, wenn solch eine kulturelle Zensur die künftige Entwicklung des arabischen Tanzes, der an einem Wendepunkt seiner Geschichte steht, mit demselben Mißverständnis verzerren würde, das seine Entwicklung so viele Jahre behindert hat und das sich endlich aufzulösen beginnt.

Tänzerinnen aus der arabischen Welt, die im Rahmen weltlicher Kunstzentren und Festivals auftreten, sind oft sehr gebildete Frauen, die auch eine andere Laufbahn als die der darstellenden Kunst hätten einschlagen können. Früher war es extrem ungewöhnlich für eine Frau aus einer hochgestellten Moslemfamilie, den Beruf der Tänzerin auch nur in Betracht zu ziehen. Aber eine wachsende Zahl von Frauen aus diesen Verhältnissen, die in Europa oder Amerika leben, lehren und praktizieren heute ihren Tanz dort. Im allgemeinen haben sie bei ihrer Berufswahl mit beträchtlicher Mißbilligung ihrer Eltern zu kämpfen. Es braucht ein gutes Stück Entschlossenheit, sein Ziel dabei nicht aufzugeben, den Tanz in den eigenen Kreisen respektabel

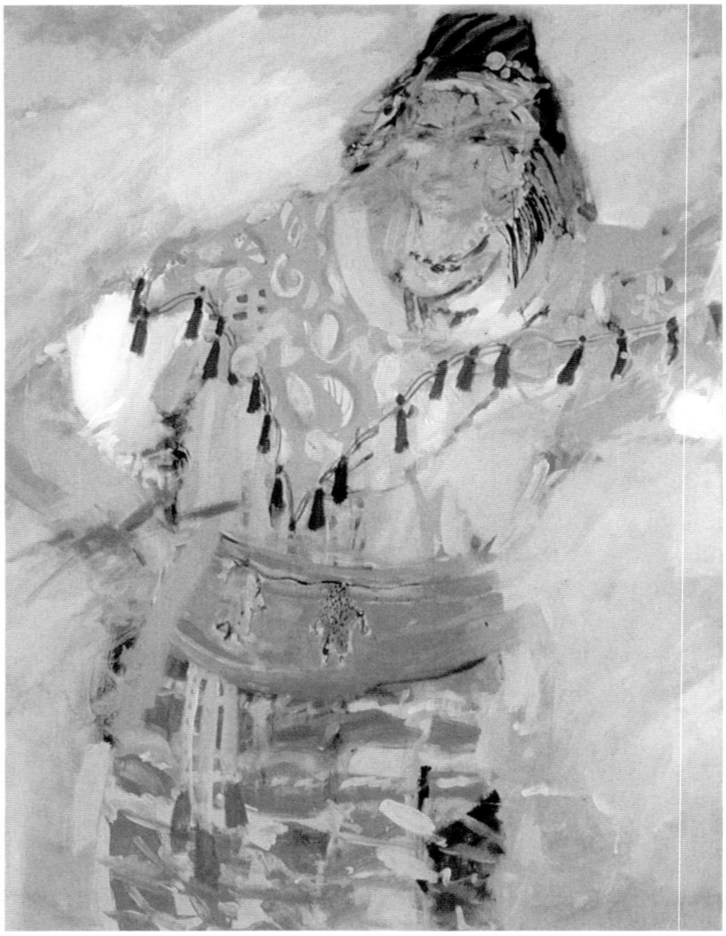

zu machen und damit für ihn im Rahmen der westlichen Kunst Pionierarbeit zu leisten.

Eine tunesische Tänzerin sagte mir einmal: »Wenn mich jemand aus meinem Land fragt, wovon ich lebe und ich ihm sage, ich sei Tänzerin, sagt er: ›Hm, sehr schön, aber wovon leben Sie?‹« Diese Antwort zeigt, wie ungewöhnlich es für eine gebildete Frau immer noch ist, Unterhaltungskünstlerin zu sein. Es zeigt außerdem, daß eigentlich – wie sie selbst sagt – »in meinem Land ... alle Tänzerinnen sind. Daß Tanzen keine Arbeit ist, kann man nicht sagen. Ein Tag, an dem ich nicht tanze, ist ein Tag, an dem ich nicht lebe.«

Monika Kaiblinger. *Tunesische Tänzerin.* 1986.
Ölgemälde. Privatbesitz.

Die weibliche Frau

Ach, könnten Du und ich dem Schicksal sich verbinden
Um so den schlimmen Lauf der Dinge zu ergründen.
Schlügen wir nicht den alten Plan in Stücke
Um unseren Herzenswünschen einen neuen dann zu finden?

Omar Khayyam, *The Rubiyat*

Vor kurzem sah ich ein modernes Tanzstück mit dem Thema »Die Frau von heute, ihre Gefühle und ihr Gespür für Weiblichkeit«. Zwei schlanke Tänzerinnen mit kurzen Haaren in T-Shirts und ausgebeulten Hosen umkreisten einander vorsichtig, berührten sich hie und da und brachen dann mit einem weiten Sprung über die Bühne aus, wobei ihre Arme leer in die Luft griffen. Ich muß gestehen, daß ich das als eine ziemlich düstere Darstellung der »Frau von heute« empfand, falls solch ein Wesen überhaupt existiert. Die wenigen, eckigen Bewegungen und das Fehlen jeder Sinnesfreude präsentierten ein Bild, das eher von der Ablehnung des Körpers und dem Mißtrauen gegenüber der weiblichen Sexualität beherrscht war als Vergnügen daran ausdrückte.

Tanz wird durch die Zivilisation geformt, der er entstammt:

Die Haßliebe gegen den Körper färbt alle neuere Kultur. Der Körper wird als Unterlegenes, Versklavtes noch einmal verhöhnt und gestoßen und zugleich als das Verbotene, Verdinglichte, Entfremdete begehrt... In der Selbsterniedrigung des Menschen zum corpus rächt sich die Natur dafür, daß der Mensch sie zum Gegenstand der Herrschaft, zum Rohmaterial erniedrigt hat.[81]

Diese Sätze, die vor 40 Jahren geschrieben wurden, gelten heute noch genauso – trotz unserer ständigen Bemühungen, mit einer religiösen und philosophischen Tradition zurechtzukommen, die den Körper unterdrückt und abwertet.

In den 60er Jahren gab es Versuche, die westlichen Tabus zu überwinden und die Bedürfnisse und Wünsche des menschlichen Geistes neu zu bewerten. Es ist kein Zufall, daß Tanz und Musik eine treibende Kraft hinter der Jugendkultur dieser Zeit waren, und es ist ebenfalls kein Zufall, daß Festivals, die man häufig als »Stammeszusammenkünfte« bezeichnet hat, zu den populärsten Ereignissen dieser Dekade wurden. Denn

Musik und Tanz sind Kunstformen, die die Menschen wie keine andere zusammenbringen. Die 60er Jahre waren eine Zeit, in der versucht wurde, wieder einen Gemeinschaftsgeist zu entwickeln, der mit der Industrialisierung und dem Niedergang der Religiosität im Westen verlorengegangen war.

Man mag in dieser Epoche einen Beleg für die Ansicht C. G. Jungs sehen, daß eine unserer großen Aufgaben darin bestehe, das Zivilisierte und das Primitive in uns wieder in Einklang miteinander zu bringen, um jene verlorengegangene Intensität des Lebens, wie man sie noch in den Ritualen entlegener Stammesgemeinschaften finden kann, wiederzuentdecken. In unserer heutigen Gesellschaft müssen wir diesen verlorengegangenen Glauben und das Ritual bewußt suchen. Wir tun dies nicht nur im Beichtstuhl der Psychiatercouch mit dem Therapeuten als Priester, sondern auch auf den Festivals der darstellenden Künste.

Der Tanzboom der 70er Jahre und das wachsende Interesse an ethnischer Kunst sind ein Produkt der 60er Jahre. Bei den Versammlungen und »Happenings« vor 20 Jahren tanzten wir in völliger Selbstvergessenheit, als wollten wir Jahrhunderte der verbotenen Sinnesfreude abstreifen. Es war nicht mehr nötig, einen Partner zu haben, und schon gar keinen vom anderen Geschlecht, und es ging auch nicht mehr darum, ein formales Bewegungsmuster einzuhalten. Gemeinschaftstanzen wurde wild und frei, und auch wenn die Vereinzelung dabei wuchs, so blieb sie gleichzeitig doch der höchste Ausdruck des Individuums – man denke nur an das isolierte Jogging in großen Gruppen, das unsere heutige Form des Gemeinschaftstanzes geworden ist.

Individueller Selbstausdruck ohne Beziehung zu anderen ist ein Hauptkennzeichen des westlichen Tanzes als gesellschaftliche Aktivität. Im Tanzboom der letzten Zeit, der Tausende – hauptsächlich Frauen – in die Studios treibt, sind meistens die Tänze am beliebtesten, die es uns erlauben, in uns selbst und in unserem eigenen, isolierten Fortschreiten versunken zu bleiben. Sie ermuntern uns nicht dazu, das Können anderer zu würdigen. Auch wenn der Solotanz seinen Stellenwert hat, so ist er doch nur ein Aspekt dessen, was uns der Tanz insgesamt zu bieten hat. Ebenso wichtig ist etwas, das wir im Westen verloren haben: eine bewußte Einheit mit anderen und eine gegenseitige Bestätigung durch das Mittel des Tanzes.

Amel Benhassine-Miller hat festgestellt, daß *Baladi* und *Sharqi* bei ihren Schülerinnen beliebter sind als der Volkstanz, der weniger Können erfordert. Sie ist der Ansicht, daß der Solotanz vorgezogen wird, weil er der westlichen Tradition mehr entspricht und im Gegensatz zum Beduinentanz nicht viel Interaktion zwischen den Tanzenden verlangt: »Der Beduinentanz hat viel mit den engen Beziehungen zu tun, die die Frauen der arabischen Welt untereinander haben. Das ist etwas, das ich in Europa vermisse. Die Frauen hier haben sich selbst und dem Körper anderer Frauen gegenüber nicht die gleiche Unbefangenheit wie in meinem Land.«

Es stimmt, daß Frauen der arabischen Welt eine sinnliche Unbefangenheit und ein Körperbewußtsein haben, das im Westen fehlt. Europäerinnen und Amerikanerinnen werden zwar durch weniger Beschränkungen von außen gehemmt als arabische Frauen, aber sie haben sich in gewissem Sinne ihre eigenen Einschränkungen geschaffen. Die zeigen sich in einer Ablehnung von Körper und Sinnlichkeit, in physischer Steifheit und einem Selbsthaß, an dem arabische Frauen im allgemeinen nicht leiden.

Die Frauenbewegung hat es eigentlich nie richtig verstanden, die Frage der weiblichen Sinnlichkeit anzusprechen, und sich bis vor kurzem in eine nahezu androgyne Position geflüchtet, um nur ja niemanden zu beleidigen. Doch viele Frauen finden dieses Image genauso diskriminierend wie das des Glamourgirls.

Täglich werden uns Stereotypen weiblicher Schönheit präsentiert, die, verstärkt von den Medien – vor allem der Werbung und dem Film –, den weiblichen Körper als Manipulations- und Reizobjekt ausbeuten. Das Ideal weiblicher Schönheit und Verlockung, das von dieser Industrie gezeichnet wird, beruht auf Schlankheit und ewiger Jugend, und die Frauen haben sich von derlei Stereotypen versklaven lassen. Anstatt ihren Körper, welche Form und Größe er auch immer haben mag, zu akzeptieren und für ihn zu sorgen, statt dankbar hinzunehmen, daß wir alle einmal alt werden und daß Reife auch ihre Vorteile hat, lassen sich viele Frauen dazu verleiten, nach etwas zu streben, das, selbst wenn sie es erreichen, wenig dazu beiträgt, ihnen Selbstvertrauen zu geben.

Das arabische Schönheitsideal ist breiter gefächert. Bei der Betrachtung von *Baladi*-Tanzgruppen ist fast nichts befriedigender, als zu sehen, wie sehr sich breithüftige Frauen mit ausladenden Kurven freuen, endlich einen Tanz gefunden zu haben, der ihnen erlaubt, stolz auf ihren Körper zu sein.

Der arabische Tanz konzentriert sich auf den Selbstausdruck, manchmal allein und manchmal in der Beziehung zu anderen. *Baladi* und *Sharqi* ermöglichen uns, die Archetypen, die in jedem von uns verborgen sind, zu erforschen: den Archetyp der Koketten, der Mutter Erde, der Sinnlichen, des Mediums oder der Dichterin.

In den letzten zehn Jahren hat der arabische Tanz im Westen eine wachsende Zahl von Anhängerinnen gefunden. Heute wird er in kleinen und großen Städten überall in Europa und Amerika gelehrt. Das hat ihm mehr Interesse der Medien eingebracht als je zuvor seit der Jahrhundertwende. Nur allzuoft drücken sich in diesem Interesse die langgehegten Mißverständnisse dem Charakter des Tanzes gegenüber aus. Wenn eine Frau den Wunsch äußert, ethnische Tanzformen, etwa afrikanische, indische oder Flamenco, zu lernen, so ist das keineswegs berichtenswert. Wendet sie sich jedoch dem arabischen Tanz zu, begrüßt man sie oft mit hochgezogenen Augenbrauen.

Die am häufigsten gestellte Frage lautet, was der arabische Tanz einer westlichen Frau denn eigentlich so Einzigartiges bietet.

Für jede Frau ist die Antwort anders. Eine lautet, es sei kein exklusiver Tanz. Niemand ist aufgrund seines Alters oder seiner physischen Erscheinung ausgeschlossen. Viele Frauen, die gerne tanzen würden, sind von den Anforderungen des westlichen Tanzes, wie etwa dem Ballett, entmutigt, weil man dazu fast den Körper einer Magersüchtigen braucht. Das klassische Ballett tut wenig dazu, die vorherrschende westliche Wahrnehmung des Körpers als einer Last, die eher transzendiert als gefeiert werden sollte, in Frage zu stellen. Es glorifiziert eine Art entkörperlichter Spiritualität. Unnötig zu sagen, daß es schwierig ist, zwei Tanzformen miteinander zu vergleichen, die auf so unterschiedlichem ästhetischem Empfinden und Körperverständnis aufbauen. Wenn man sie dennoch einander gegenüberstellt, kann man den Reiz verstehen, den der arabische Tanz auf moderne Frauen ausübt, die mit diesem Ideal weiblicher Grazie und Schönheit aufwuchsen, das vom Ballett stammt.

Interessanterweise haben Ballerinas die größten Schwierigkeiten, den arabischen Tanz zu lernen, und oft kommen sie nur sehr langsam mit seinem Frauenbild zurecht, da das klassische Ballett die Frau eher als ein ätherisches Wesen denn als eine Kreatur aus Fleisch und Blut versteht. Im absoluten Gegensatz dazu betont der *Baladi* die archaische Sinnlichkeit der Frau. Der *Sharqi* hat die schwebende Anmut des Balletts, besitzt aber zusätzlich noch die rhythmische Kraft des afrikanischen Tanzes und ein Stück der leidenschaftlichen Intensität des Flamenco.

Zu den vielen Attraktionen des arabischen Tanzes gehört auch die Möglichkeit, den Schauspieler, der in uns allen steckt, hervorzukehren. Die Zurschaustellung des Körpers ist ein Teil der menschlichen Erfahrung. Das moderne Leben bietet uns wenig Gelegenheit, dieses Bedürfnis zu befriedigen. Viele Frauen würden sich gerne in bunten Farben kleiden und Schmuck und Schminke tragen, sowohl zum eigenen Vergnügen wie für die Männer. Doch sie fühlen sich in unserer immer nachlässiger werdenden Gesellschaft damit fehl am Platz. Sich gegenseitig durch Körpersprache zu unterhalten ist für die meisten Menschen ein Vergnügen, das sie nicht kennen und das sie unter Erwachsenen als eine unverzeihliche Form von Angeberei ansehen würden. Jemanden als Exhibitionisten zu bezeichnen heißt, ihn zu verurteilen. Auch da zeigt sich wiederum die westliche Wahrnehmung des Körpers als etwas Negatives, das man herunterspielen und für das man sich sogar entschuldigen sollte. Das Zurschaustellen im arabischen Tanz ist eines der wichtigsten Elemente. Die größte Herausforderung für westliche Frauen besteht darin, in der Klasse aufzustehen und die ganze Gruppe zu unterhalten, und sei es nur für zwei oder drei Minuten. Es ist eine Herausforderung, die, wenn man sie einmal annimmt, nachhaltig bei der Entwicklung des Selbstbewußtseins hilft.

Selbst ein Amateur-Auftritt konfrontiert die Frauen mit dem allgegenwärtigen, unbewußten Wissen darum, daß es ein Ideal weiblicher Attraktivität und Verlokkung gibt, mit dem sie sich vielleicht nicht messen können. Die arabische Tanztradition, die den Körper, welche Form er auch immer hat, akzeptiert und die die Sinnlichkeit einer Frau unabhängig von ihrem Alter bejaht, bietet ihr die Chance, ihr eigenes, manchmal negatives Bild von sich selbst in einer Atmosphäre der Unterstützung statt des Wettbewerbs neu zu bewerten. Viele Frauen haben im Tanz mit seiner Kombination von Sinnlichem und Poetischem, seiner Vermählung des Irdischen mit dem Spirituellen ein Gefühl der Befreiung gefunden.

Arabische Frauen, die im Westen leben und die zum Tanz zurückgekehrt sind, erwähnen oft, wie er ihnen geholfen hat, ihre Identität in einem fremden Land zu finden. Eine algerische Freundin von mir bemerkte dazu: »Als ich in Europa lebte, wurde ich immer verwirrter. Damals tanzte ich nicht. Ich arbeitete als Übersetzerin. Ich fing an, nach meiner Identität zu fragen. War ich Europäerin? War ich Araberin? Erst durch den Tanz war ich in der Lage, mich als Frau zu definieren.«

Viele westliche Frauen, die sich vom arabischen Tanz angezogen fühlen, können nicht genau sagen, worin diese Anziehung besteht. Alles, was sie zu Beginn wissen, ist, daß sie fasziniert sind. Erst später entdecken sie, daß sie durch den Tanz dazu gebracht werden, die Aspekte ihrer eigentlichen Weiblichkeit zu erforschen, zu der sie den Kontakt verloren hatten.

Ich selbst hatte meine wertvollsten Erfahrungen mit dem Tanz, als ich auf geselligen Veranstaltungen in arabischen Familien auftrat. In dieser Situation wurde mir häufig klar, daß der Tanz eine Tradition ist, dessen Bedeutung heute noch so lebendig ist wie vor Tausenden von Jahren.

Einmal tanzte ich in London auf der Hochzeit eines Mädchens aus dem Jemen, dessen Freunde und Verwandte eigens zu diesem Anlaß eingeflogen worden waren. Die Veranstaltung fand aus Gründen der Bequemlichkeit in einem Hotel in der Nähe des Flughafens statt. Nachdem der offizielle Teil des Unterhaltungsprogramms vorüber war, erschien ein Mann mit einem tragbaren Plattenspieler und machte für die jungen Leute ein Discoprogramm. In den frühen Morgenstunden zogen sich die Gäste auf ihre Hotelzimmer zurück. Der Vater der Braut erklärte uns, daß er Braut und Bräutigam gerne im alten Stil auf ihren Weg schicken wolle. Das bedeutete, daß er sie mit Gesang, Trommeln und Fingerzimbeln aus der Party führen wollte und die Gäste der Prozession folgen sollten.

Wir zogen also durch das höhlenartige Foyer, das zu dieser frühen Stunde leer war. Nur ein paar Hotelbedienstete standen an der Rezeption. Wir gingen zum Lift und wurden von den jungen Mädchen der Party begleitet, die in ihren Designerkleidern nur so strahlten und ganze Duftwolken französischen Parfüms hinter sich herzogen. Sie versammelten sich um Braut und Bräutigam, hoben die Hände über den Kopf, klatschten rhythmisch, sangen und drängelten vor Aufregung, während die älteren Frauen und einige Männer die Nachhut bildeten.

Auch nachdem sich die Lifttüren sanft hinter dem lächelnden Paar geschlossen hatten, machten die Mädchen mit dem Gesang und dem Klatschen weiter. Es war offensichtlich, daß sie sich jetzt viel mehr amüsierten als vorher bei dem oberflächlichen Disco-Getanze. Niemand wollte gehen, und alle trieben sich im Foyer herum und hofften vergeblich, daß diese neue Party irgendwie endlos weitergehen würde. Dort, in dieser Umgebung eines großen, kalten Hotels, mit Air-conditioning und dem Lärm von ankommenden und abfliegenden Düsenjets vor der Tür, behauptete eine Tradition, die aus einer uralten Welt stammte und überlebt hatte, erneut ihren Wert gegenüber einem weit komplizierteren Zeitalter.

Glossar

Almeh (pl. *Awalim*) In der Kunst, besonders der Musik und der Poesie bewanderte »gebildete Frau«.
Bakschisch Trinkgeld, Belohnung.
Bendir Nordafrikanische Handtrommel, die einem Sieb ähnelt und mit Ziegenfell bespannt ist.
Bezima Silberne Spange, die Vorder- und Hinterteil eines Kleides an der Schulter zusammenhält.
Cengi Türkischer Tänzer.
Chikhat Marokkanischer Tänzer.
Daff Ägyptische Handtrommel, die einem Sieb ähnelt und mit Fischhaut bespannt ist.
Daholla Große Tabla.
Darabouka Kelchförmige nordafrikanische Handtrommel, mit Fischhaut bespannt.
Felucca Boot mit einem Segel.
Galabiya Lockeres bodenlanges Kleid.
Ghaziya (pl. *Ghawazee*) Ägyptische Tänzerin, ursprünglich in Zigeunerstämmen.
Haik Kleidung, die aus einem um den Körper geschlungenen Stoff besteht; nordafrikanisch.
Hammam (öffentliches) Dampfbad.
Kalif Weltlicher und religiöser Herrscher des Islam.
Kanoon Saiteninstrument. Vorgänger von Harfe und Klavier.
Khawal Junger männlicher Tänzer, der Frauentänze nachahmt.
Khediva Frau von Khedive, dem Herrscher Ägyptens von 1867 bis 1914, der als Vizekönig des türkischen Sultans regierte.
Maghreb Marokko, Tunesien und Algerien.
Maqam (pl. *Maqamat*) Tonleiter in der arabischen Musik.
Mashrabiya Mit Ornamenten versehene »Fenster« aus Holz.
Mazhar Sehr großes Tamburin.
Mouled Populäres religiöses Fest, um die Geburt des Propheten Mohammed zu feiern.
Mukhannath »Die Weibischen«, ein Name für die männlichen Musiker, die die Frauen nach deren Abschließung im Harem ersetzten.
Mutrube Persische Tänzerin/Kurtisane.
Nai Arabische Bambusflöte.
Oud Arabische Laute.
Rababa Vorgänger der Geige mit einem Korpus aus Kokosnuß.
Raks al-Baladi Volkstanz. Traditionelle Form des weiblichen Solo-Tanzes.
Raks al-Hawanem Tanz der Damen.
Raks al-Sharqi Tanz des Ostens.
Reque Ägyptisches Tamburin.
Souq Markt.
Tabl Baladi Große Trommel, die bei Prozessionen um den Hals getragen wurde.
Tabla Kelchförmige Handtrommel aus Ton oder Metall, an einer Seite offen, an der anderen mit Fischhaut bespannt.
Tagine Nordafrikanischer Eintopf aus Fleisch und Gemüse.
Taqsim (pl. *Taqasim*) Improvisation eines Soloinstruments oder mit einem bestimmenden Instrument.
Tar Nordafrikanisches Tamburin.
Tarboosh Roter »Pillenschachtel«-Hut, der früher in Ägypten und der Türkei verbreitet war.
Zhagareet Geheul: zustimmende oder ermunternde Rufe von Frauen, oft als Anfeuerung bei begabten Tänzerinnen.

Anmerkungen

[1] Juvenal, *Saturae,* im Versmaß d. Orig. Übers. v. Alexander Berg, Stuttgart 1863.
[2] Mas'udi, *Meadows of Gold and Mines of Gems,* Übers. v. C. Barbier de Meynard, Paris 1874.
[3] Charles Gobineau, *The Dancing Girl of Shamahka and Other Asiatic Tales,* London 1926.
[4] G. W. Curtis, *Nile Notes of a Howadji,* London 1852.
[5] Ebenda.
[6] Mircea Eliade, *Mythen, Träume und Mysterien,* aus d. Franz. v. Michael Benedikt u. Matthias Vereno, Salzburg.
[7] Margaret Mead, *Mann und Weib. Das Verhältnis der Geschlechter in einer sich wandelnden Welt,* Übers. v. Arnim Holler, Stuttgart/Konstanz 1955.
[8] Kurt Sachs, *Eine Weltgeschichte des Tanzes,* (Nachdruck der Ausgabe: Berlin 1933), Hildesheim 1976.
[9] Joseph Spurrier, zitiert in: Cherry Hopkins, *The Hula,* Hong Kong 1982.
[10] Lillian B. Lawler, *Terpsichore; The Story of Dance in Ancient Greece,* in: Dance Perspectives Magazine, New York, Winter 1962.
[11] Für eine Diskussion matriarchalischer Kultur und anthropologischer bzw. archäologischer Hinweise für ihre Existenz in prähistorischer Zeit, siehe: Elizabeth Gould Davis, *The First Sex,* Harmondsworth 1972, und: Merlin Stone, *The Paradise Papers,* London 1972.
[12] Eliade: *Mythen, Träume und Mysterien.*
[13] Hesiod, zitiert in: Nancy Qualls-Corbett, *The Sacred Prostitute,* Toronto 1988.
[14] Clifford Howard, *Sex Worship,* Washington D. C. 1897.
[15] Theodor Reik.
[16] W. R. Smith, zitiert in ebenda. Für eine Diskussion der weiten Verbreitung des Göttinnenkults in der Antike, siehe: Gould Davis, *First Sex.*
[17] James G. Frazer, *Der goldene Zweig.* Das Geheimnis von Glauben und Sitten der Völker, Reinbek 1989.
[18] Macrobius, zitiert in: Otto Kiefer, *Kulturgeschichte Roms unter besonderer Berücksichtigung der römischen Sitten,* Berlin 1933.
[19] W. L. Westermann, *The Castanet Dancers of Arsinoe,* in: Journal of Egyptian Archeology, London 1924.
[20] Rev. James Neil, *Everyday Life in the Holy Land,* London 1913.
[21] Wie zitiert in: Sarah Graham-Brown, *Images of Women,* London 1988.
[22] Lucie Duff Gordon, *Letters from Egypt,* London 1983.
[23] Huda Shaarawi, *Harem Years,* London 1986.
[24] Edward Said, *Orientalism,* London 1978.
[25] Eugène Delacroix, zitiert in: Philippe Jullian, *The Orientalist,* Oxford 1977.
[26] Karsten Niebuhr; *Beschreibung von Arabien.* Aus eigenen Beobachtungen und im Lande selbst gesammelten Nachrichten, Kopenhagen 1772.
[27] Charles Leland, *The Egyptian Sketchbook,* London 1873.
[28] Charles Didier, *Les Nuits de Caire,* Paris 1860.
[29] James Augustus St. John, *Egypt and Nubia: Their Scenery and Their People,* London 1845.
[30] Charles Frédéric Alexandre de Carcy, *De Paris en Egypte, Souvenirs de Voyage,* Paris 1874.
[31] Leland, *Egyptian Sketchbook.*
[32] E. W. Lane, *The Modern Egyptians,* Bd. 2, London 1846.
[33] Leland, *Egyptian Sketchbook.*
[34] Charles Blanc, *Voyage de la Haute Egypte; Observations sur les Arts Egyptiens et Arabes,* Paris 1876.
[35] Rev. James Neil, *Everyday Life in the Holy Land.*
[36] Lucie Duff Gordon, *Letters from Egypt.*
[37] Gerard de Nerval, *Die Frauen von Kairo,* hrg. u. übers. v. Horst Lothar Teweleit, Frankfurt a. M. 1973.
[38] Duff Gordon, *Letters from Egypt.*
[39] Leland, *Egyptian Sketchbook.*
[40] Didier, *Les Nuits de Caire.*
[41] G. W. Cirtis, *Nile Notes of a Howadji,* London 1852.
[42] Maxine du Camp, zitiert in: Francis Steegmuller, *Flaubert in Egypt,* Chicago 1979.
[43] Ebenda.
[44] Hector de Callias, zitiert in: *Western Art and its Encounter with the Islamic World,* aus: Mary Anne Stevens, *The Orientialist,* London 1984.
[45] Für eine Diskussion über die soziale Stellung der Frau im Islam siehe: Fatima Mernissi, *Beyond the Veil,* London 1985.
[46] Lady Mary Wortley Montagu, *Travel Letters,* London 1930.
[47] Rana Kabbani, *Europe's Myths of Orient,* London 1986.
[48] Ted Shawn, *Gods Who Dance,* New York 1929.
[49] Ebenda.

50 Colette, *Places,* hrg. v. David Le Vay, ausgewählte Textpassagen aus: ›Trois-Six-Neuf‹, ›En Pays Connu‹, ›Prison et Paradis‹, ›Paysages et Portraits‹, ›Journal Intermittent‹, London 1970.
51 Ebenda.
52 The Illustrated American, Chicago, Nov. 1893.
53 Bernard Sobel, *Burleycue; An Underground History of Burlesque Days,* New York 1931.
54 The Illustrated American, Chicago, Nov. 1893.
55 Armen Ohanian, *Les Rires d'une Charmeuse de Serpents,* Paris 1931.
56 Armen Ohanian, *The Dancer of Shamahka,* London 1922.
57 Ebenda.
58 Ebenda.
59 Ohanian, *Rires d'une Charmeuse.*
60 Ebenda.
61 Ohanian, *Dancer of Shamahka.*
62 Peter Leslie, *A Hard Act to Follow – A Music Hall Review,* London 1978.
63 Bernard Sobel, *Burleycue.*
64 Ruth St. Denis, *An Unfinished Life,* London 1939.
65 Ebenda.
66 Colette, *Meine Lehrjahre,* übers. v. Uli Aumüller, Reinbek 1980.
67 Colette, *La Vagabonde,* aus d. Franz. v. Rosa Breuer-Lucka, Reinbek 1980.
68 Colette, *Wir Komödianten vom Varieté,* übers. v. Erna Redtenbacher, Reinbek 1967.
69 Margaret Croland, *Colette; The Difficulty of Loving,* New York 1973.
70 Julia Keay, *The Spy Who Never Was,* London 1988.
71 J. K. Huysmans, *Against Nature,* Harmondsworth 1959.
72 Hugo von Hofmannsthal, Gesammelte Werke, Prosa III, Über die Pantomime, Frankfurt 1964.
73 Gustave Flaubert, Drei Geschichten, *Herodias,* Zürich 1979.
74 Morroe Berger, ›*The Arab Danse du Ventre*‹, in: Dance Perspectives Magazine, New York, Frühling 1961.
75 Bimbashi McPherson, *The Man Who Loved Egypt,* London 1985.
76 Ebenda.
77 S. Deaver, *Concealment Versus Display; The Modern Saudi,* zitiert in: Arabesque Magazine, New York, Bd. 10, Nr. 1, Mai/Juni 1984.
78 Laurel Victoria Gray, *Music and Dance within the Islamic Context,* in: Arabesque Magazine, New York, Bd. 10, Nr. 1, Mai/Juni 1984.
79 De Carcy, *De Paris en Egypte.*
80 Leona Wood, *Nautchees and Devadasis,* in: Arabesque Magazine, New York, Bd. 14, Nr. 1, Mai/Juni 1988.
81 Max Horkheimer/Theodor W. Adorno, *Dialektik der Aufklärung,* Amsterdam 1947.

Auswahlbibliographie

J. J. Bachofen, *Mutterrecht und Urreligion*, Hrsg. Hans v. Kippenberg, 6. erweiterte Aufl., Berlin 1984.
Hubert Howe Bancroft, *The Book of the Fair*, Chicago 1895.
Jacques Berque, Egypt: *Imperialism and Revolution*, London 1972.
A. Boudhiba, *Islam and Sexuality*, London 1985.
Robert Briffault, *The Mothers*, New York 1963.
Alexander Buchner, *Handbuch der Musikinstrumente*, Hanau 1985.
A. Alvarez Bulos, *Handbook of Arabic Music*, Beirut 1971.
R. Buschow, *The Prince and I*, London 1979.
Joseph Campbell, *Der Heros in tausend Gestalten*, Übers. v. Karl Koehne, Frankfurt 1978.
Colette *La Vagabonde*, aus d. Franz. v. Rosa Breuer-Lucka, Reinbek 1980.
G. W. Curtis, *Nile Notes of a Howadji*, London 1852.
Lucie Duff Gordon, *Letters from Egypt*, London 1983.
Mircea Eliade, *Mythen, Träume und Mysterien*, aus d. Franz. v. Michael Benedikt und Matthias Vereno, Salzburg.
Havelock Ellis, *The Dance of Life*, New York 1923.
E. W. Fernea, *Guests of the Sheik*, New York 1969;
–, *A Street in Marrakesh*, New York 1976.
Gustave Flaubert, *Drei Erzählungen*, aus d. Franz. und herausgegeben v. Cora v. Kleffens u. André Stoll, Frankfurt 1982.
James G. Frazer, *Der goldene Zweig*. Das Geheimnis von Glauben und Sitten der Völker, Reinbek 1989.
Elizabeth Gould Davis, *The First Sex*, New York 1971.
Sarah Graham-Brown, *Images of Women*, London 1988.
Ivor Guest, *The Ballet of the Second Empire*, London 1955.
E. Kendall, *Where She Danced*, New York 1979.
E. W. Lane, *The Modern Egyptians*, London 1946.
Bernard Lewis, *The Arabs in History*, New York 1966.
Margaret Mead, *Mann und Weib, Das Verhältnis der Geschlechter in einer sich wandelnden Welt*, Übers. v. Arnim Holler, Stuttgart/Konstanz 1955.
Fatima Mernissi, *Beyond of Veil. Male-Female Dynamics in Modern Muslim Society*, London 1985.
D. u. J. Parker, *The Natural History of the Chorus Girl*, Newton Abbot 1975.
D. E. Pohren, *The Art of Flamenco*, Dorset 1984.
Nawal El Saadawi, *Tschador, Frauen im Islam*, aus d. Engl. v. Edgar Peinelt, Bremen 1980.
Kurt Sachs, *Eine Weltgeschichte des Tanzes*, (Nachdruck der Ausgabe Berlin 1933), Hildesheim 1976.
Edward Said, *Orientalism*, London 1978.
Huda Shaarawi, *Harem Years*, London 1986.
Ted Shawn, *Gods Who Dance*, New York 1929.
Walter Sorell, *Der Tanz als Spiegel der Zeit: eine Kulturgeschichte des Tanzes*, Wilhelmshaven 1985.
Francis Stegmuller, *Flaubert in Egypt; A Sensibility on Tour*, Chicago 1979.
Merlin Stone, *The Paradise Papers*, London 1976.
Keith Thomas, *Religion and the Decline of Magic*, Harmondsworth 1971.
Peter Webb, *The Erotic Arts*, London 1983.

Register